Jürgen Trittin
Welt Um Welt

Jürgen Trittin

Welt Um Welt

Gerechtigkeit und Globalisierung

Aufbau-Verlag

Mit einem Vorwort von Barbara Unmüßig

ISBN 3-351-02542-4

1. Auflage 2002
© Aufbau-Verlag GmbH, Berlin 2002
Einbandgestaltung Henkel/Lemme
Typographie Jan-Erik Lentz
Druck und Binden GGP Media, Pößneck
Printed in Germany
www.aufbau-verlag.de

INHALT

EXPERIMENT

Bücher von aktiven Politikern oder gar Ministern lassen mich in der Regel kalt. Schönfärberei und selbstgerechte Erfolgsbilanzen oder gar peinliches Nähkästchengeplauder über Saunabesuche und Verhandlungsheldentum interessieren mich nicht. Als Jürgen Trittin mir das Angebot machte, das Manuskript des vorliegendes Buches zu lesen, war es dann doch professionelle Neugier, die mich eine Ausnahme machen ließ. Was sagt der amtierende Umweltminister zu globalen Umwelt- und Entwicklungsfragen im Wahljahr und kurz vor dem UN-Gipfel für Nachhaltige Entwicklung, der Ende August in Johannesburg Bilanz ziehen und neue Perspektiven für globale Zukunftsfragen aufzeigen will?

Im Vorfeld dieses Gipfels häufen sich wieder die Analysen über den Zustand unserer Erde. Gibt es zusätzlich zu den bereits in Rio vor zehn Jahren ausgetauschten Erkenntnissen etwas Neues zu sagen? Dass der Norden zuviel konsumiert, produziert und emittiert, wissen wir seit langem. Dass der Süden an den Folgen zu leiden hat und das nördliche Zivilisationsmodell nicht globalisierbar ist, ist dort hoch offiziell auf viel Papier eingestanden worden. Und Forderungen, dass die Preise die ökologische Wahrheit sagen sollten, die Verschuldung der Dritten Welt abgebaut und die knappen Trinkwasserressourcen dringlich geschont werden müssen, sind auch nicht neu. Seltener sind die Analysen, die erklären, warum das vorhandene Wissen vom Klimawandel, dem Artenschwund und der wachsenden globalen Ungerechtigkeit so gar nicht in grundlegende Strukturveränderungen umschlagen will.

Dies Buch hat mich da überrascht. Selten habe ich eine so allgemein verständliche Darstellung über Umwelt- und Nord-Süd-Probleme gelesen. Auch die Verknüpfung der noch jungen Diskurse über nachhaltige Entwicklung und Globalisierung gelingt. Ohne mit allen Details einverstanden zu sein: Bestechend ist der einfache, klare Stil. Komplizierte Zusammenhänge werden offen gelegt und Ursachen aufgezeigt, warum die Weltumweltpolitik mal gut, schleppend oder gar nicht voran kommt. Dass es im System internationaler Politik viele Widersprüche, zahlreiche Lobbyinteressen und ungleiche Machtverhältnisse gibt, wird unter Aussparung jeglichen wissenschaftlichen Anscheins oder moralischer Zeigefinger differenziert beschrieben. Der Zugang zu dieser Komplexität wird oft genug durch noch kompliziertere Sprachkonstruktionen verstellt. Hier gelingt die Offenlegung der oftmals nicht leicht aufzulösenden Verschränkung von Umwelt- und Entwicklungspolitik ganz gut und wird nicht in vielleicht politisch eingängige, letztlich aber falsche Simplizismen aufgelöst.

Politische Rede und hier meine ich insbesondere die politische Schrift soll vor allem Übersetzungskunst sein. Viele in der politischen Klasse haben sich vom Ideal der Verständlichkeit und/oder des geistigen Anspruchs verabschiedet. Aufklärung und Wissensvermittlung über komplexe gesellschaftspolitische Zusammenhänge, Naturverhältnisse und internationale Beziehungen haben eher Seltenheitswert. Die Dichte der Information kommt in Jürgen Trittins Buch leichtfüßig daher. Zahlreiche originelle Beispiele beleben die Lektüre, so dass sich auch diejenigen, die sich schon lange mit dem Thema befassen, nicht langweilen müssen. Alte und neue Perspektiven zur Lösung der globalen ökologischen und sozialen Fragen werden präsentiert. Wie nun genau die vielzitierten ökologischen Leitplanken für den Globalisierungsprozess aussehen könnten, hätte genauer beschrieben und die Widersprüche zwischen der Vision eine sozial und ökologisch zukunftsfähigen Entwicklung einerseits und dem stetigen Expansionszwang unseres Entwicklungsmodell andererseits genauer herausgearbeitet werden können. Alte Zöpfe wie das gebetsmühlenhafte Wiederholen des 0,7 Prozent-Ziels für Entwicklungshilfe werden dagegen abgeschnitten zugunsten von Vorschlägen neuer und innovativer Formen der Finanzmittelbeschaffung für globale Zukunftsaufgaben. Als Kategorie für ernstgemeinte globale ökologische und soziale Nachhaltigkeit wird immerhin der Pro-Kopf Verbrauch ins Spiel gebracht und das Ökosozialprodukt soll anders als das Bruttosozialprodukt messen, inwiefern die natürliche Umwelt geschädigt oder geschont wird.

Bedeutsames und Kompliziertes lässt sich auch einfach ausdrücken. Das ist diesem Buch gelungen. Ich wünsche ihm viele Nachdrucke – vor allem auch in Schulbüchern. Und noch viel mehr Leser.

Barbara Unmüßig   *Heinrich Böll Stiftung*

9

1. Der Status quo: kein Modell für das 21. Jahrhundert

Anfang der 90er Jahre war ich Landesminister in Niedersachsen und dort auch zuständig für die entwicklungspolitischen Initiativen der Landesregierung. Die damalige Landesregierung finanzierte Solarbrunnen und Solardächer für Schulen in Eritrea. Unser Ziel war es, mit erneuerbaren Energien die Folgen der Trockenheit zu mindern. Wir wollten für Frauen und Mädchen eine Alternative zu stundenlangen Fußmärschen und qualitativ schlechtem Wasser aus Flussbetten schaffen. Die Brunnen ersparten den Frauen Zeit, dadurch erhielten sie die Möglichkeit, Lesen und Schreiben zu lernen.

Strom gab es in den Dörfern nicht. Also nutzte das Projekt Sonnenenergie, und zwar gleich zweifach: Statt der traditionell üblichen kräftezehrenden Handpumpen ließen wir Solarbrunnen bauen und auf den Schuldächern Fotovoltaik installieren, damit Erwachsene dort abends Alphabetisierungsunterricht erhalten konnten. Diese ökologische Lösung schuf für die Menschen vor Ort bessere Perspektiven für die Zukunft.

Ein anderes Problem dieses kleinen Landes am Horn von Afrika war und ist nicht so einfach zu lösen. Während des 30-jährigen Unabhängigkeitskrieges waren viele Eritreer ins Ausland geflüchtet, darunter auch nach Deutschland. Sie

11

haben bei uns eine Ausbildung gemacht, teilweise studiert. Nun, nach dem Friedensvertrag, wären viele gern wieder in ihre Heimat zurückgegangen. Andererseits hatten sich viele inzwischen an einen Arbeitsplatz mit Tarifvertrag, an Schulen, Krankenversorgung, Verkehrsinfrastruktur und Wohnen mit Komfort gewöhnt. Immer wieder hörte ich den Satz: »Dort hat mein Kind keine Zukunft.«

Zukunft, Lebenschancen – das ist nicht nur eine Frage nach Ausbildung, Teilhabe und Einkommen. Es ist zugespitzt eine Frage der Lebenserwartung. Die Lebenserwartung in Deutschland liegt bei knapp 80 Jahren, in Eri-trea bei knapp 50 Jahren. Natürlich gibt es auch in Eritrea Menschen, die ein Alter von 70 Jahren erreichen. In vielen afrikanischen Ländern sinkt jedoch die durchschnittliche Lebenserwartung – während sie in Deutschland steigt.

Viele aus Eritrea stammende Eltern haben sich entschieden, den Chancen ihrer Kinder Priorität zu geben, obwohl sie sich ihrer Heimat nach wie vor sehr eng verbunden fühlen. Manche sind ohne ihre Kinder zurückgekehrt. Aber alle litten und leiden an dieser Entscheidung. Wären die Lebensstandards global annähernd gleich, hätte ihre Entscheidung anders ausfallen können. Sie hätten die Wahl gehabt.

Eine Frage der Menschenrechte?

Wir sagen ganz selbstverständlich: »Alle Menschen sind gleich. Die Menschenrechte gelten für alle.« – Die Realität sieht aber noch anders aus. Erstens gestehen wir späteren Generationen nicht die gleichen Lebens- und damit Nutzungsrechte zu wie uns heute Lebenden. Zweitens gibt es nicht einmal für die heute lebenden Menschen global Gleichwertigkeit der Lebensverhältnisse. Die unterschiedliche Lebenserwartung in Nord und Süd ist der nachdrücklichste Beleg für die Kluft bei der Verwirklichung der sozialen und wirtschaftlichen Menschenrechte.

Wenn die Menschen im Süden unsere Kleidung, Nahrung, Wohnung, medizinische Versorgung und unseren Arbeitsschutz hätten – dann würden sie auch so alt wie wir. Ihnen werden schlicht 30 Jahre Lebenszeit und Lebensqualität vorenthalten.

Was impliziert die Vorstellung der Universalität der Menschenrechte? Dass eine Nomadin in der Sahelzone dasselbe Recht auf ein langes gesundes Leben, auf Bildung und damit auf Alternativen der Lebensgestaltung hat wie ein US-Amerikaner oder ein Deutscher.

Wie erreicht man eine global gerechte Teilhabe an Lebenschancen? Wohl kaum, indem die ärmeren Länder die Wirtschaft der reichen Industrieländer nachahmen. Im Gegenteil: Die Ressourcen verschwendende Wirtschafts- und Lebensweise in den Ländern der Nordhalbkugel ist ein Teil des Problems, sie führt zu einer Verschlechterung der Lebenssituation gerade für Menschen in vielen armen Ländern der Südhalbkugel.

Beispiel: Klimawandel. Das in der Atmosphäre angesammelte Treibhausgas CO_2 stammt zu 80 % aus den Industrieländern. Es braucht über 100 Jahre, um wieder abgebaut zu werden. Treibhausgase haben die Erde in den vergangenen Jahren erheblich erwärmt. Die globale Klimaveränderung findet bereits statt.

Es geht nicht um das Ob des Klimawandels, sondern darum, wie stark er ausfällt. Es geht nicht um die Frage, ob die Meeresspiegel ansteigen, sondern um wie viel.

Wenn, wie zu erwarten, die Meeresspiegel bis zum Ende dieses Jahrhunderts um gut einen halben Meter steigen, dann können wir in Deutschland die Deiche entsprechend erhöhen. Allein in Schleswig-Holstein kostet das mehr als eine viertel Milliarde Euro in den nächsten Jahren. In

Tuvalu ist dann aber schon »Land unter« – die Inselgruppe versinkt im Pazifik. In Bangladesh bedrohen Fluten Millionen von Menschen.

Der Klimawandel zeigt uns mehr als andere Umweltschäden, dass unsere eine Welt von einer gemeinsamen Umwelt umgeben ist. Mit »Umwelt« assoziiert man meist den Nahraum. Aber Technik und Globalisierung haben dazu geführt, dass jeder Einzelne auf das globale Umweltgeschehen wie auf die Lebenssituation in anderen Erdteilen großen Einfluss hat: am Südpol (Ozonloch), im Pazifik (steigendes Meerwasser bedroht die Inselstaaten), in Südamerika (El Niño), in Nord- und Mittelamerika (Hurrikans) und inzwischen auch bei uns (zunehmende Stürme). Wir müssen deshalb Umwelt als »Welt-Umwelt« denken.

Engagierter Weltumweltschutz muss erste Priorität haben. Denn wir haben nur eine Welt und eine Weltumwelt – nicht Welt um Welt, so dass wir eine Biosphäre nach der anderen verbrauchen könnten.

SCHLÜSSELFRAGE ÖKOLOGIE

Eine intakte Umwelt ist die wichtigste Voraussetzung für globale Gerechtigkeit. Wer die Weltumwelt aus dem Gleichgewicht bringt, gefährdet Menschenleben, zwingt Menschen zur Flucht, zum Raubbau, in Armut.

Die Schäden treten vor allem auf der Südhalbkugel und beiderseits des Äquators auf, sehr viel seltener und in geringerem Ausmaß in Europa, Kanada oder den USA. Deshalb haben wir im Norden noch nicht schmerzhaft erfahren müssen und noch nicht recht begriffen, dass jeder ein Bürger des

Globus ist, ein globaler Bürger, angewiesen auf die Erde, die eine Weltumwelt.

Globale Gerechtigkeit wird mit entwicklungspolitischen Maßnahmen und Direktinvestitionen allein nicht zu erreichen sein, sondern die Industrieländer müssen ihre eigene Fehlentwicklung beheben und selbst zum Modell für zukunftsfähigen Wohlstand werden. Europa, die USA und andere reiche Staaten haben die Verantwortung und auch die Kapazitäten, bei sich mit ressourcensparendem Wirtschaften zu beginnen. Nur so wird ökologisches Wirtschaften sich global durchsetzen.

Ökologie. Gerechtigkeit und der Norden

Die erste These dieses Buches ist deshalb: Nur mit Priorität für Umweltschutz und Ökologie erreichen wir globale Gerechtigkeit.

Die zweite These ist: Die Industriestaaten, die am meisten Natur verbrauchen, müssen vorangehen, alternative Wirtschafts- und Lebensweisen entwickeln.

Die dritte These: Die – gerade von Grünen in der Regierung – eingeleitete und in den letzten vier Jahren vorangetriebene ökologische Modernisierung Deutschlands hat gezeigt, dass es möglich ist, die Weichen in eine andere Richtung zu stellen – in der Energiepolitik, der Verkehrspolitik, beim Naturschutz und in der Agrarpolitik.

Weltgipfel für Nachhaltige Entwicklung

Wenn sich Ende August 2002 mehr als 50 000 Menschen zum Weltgipfel für Nachhaltige Entwicklung in Johannesburg treffen, dann wird Bilanz zu ziehen sein: Ist es gelungen, dem Anspruch des Gipfels von Rio gerecht zu werden, nämlich die Umwelt zu schützen und den Lebensstandard in armen Ländern zu heben? Wie kommen wir von einem Gipfel der Deklarationen zu einem der Umsetzung? Welche globalen Ziele sollen bis 2015, bis 2020 erreicht werden? Das sind die Fragen, auf die wir in Johannesburg Antworten finden müssen.

Gewachsene Instabilitäten

Das neue Jahrtausend hat mit sehr viel mehr ökologischer und politischer Instabilität begonnen, als die meisten das 1990 erwartet haben. In den 90er Jahren haben sich die Weltwirtschaft und die Weltgesellschaft in einem nie gekannten Maße globalisiert. Es entstanden neue globale Märkte, insbesondere Devisen- und Kapitalmärkte. Neue Akteure von der Welthandelsorganisation WTO bis zu professionell vernetzten Nichtregierungsorganisationen (NGO) betraten die Bühne. Die Globalisierung brachte durch eine Vielzahl neuer internationaler Abkommen neue Regeln, neue Beziehungen.

Neue technische Entwicklungen vom Internet bis zum Handy ließen Distanzen schrumpfen und beschleunigten Kommunikation und Entscheidungsvorgänge. Ein Manager in einer New Yorker Firmenzentrale kann am Computerbildschirm sehen, ob seine Niederlassung in Indonesien profitabel ist, oder ob er sie abstoßen soll, um eine bessere Gesamtrendite und damit einen besseren Aktienkurs zu bekommen.

Krisen, die früher ein Land betrafen, haben heute weltweit Folgen. Beispiel: die so genannte Asienkrise. Sie nahm in Thailand ihren Anfang. Der Zusammenbruch der thailändischen Währung hat Millionen Menschen in ganz Südostasien arbeitslos gemacht. Er war Ursache dafür, dass

16

weltweit die Kaufkraft sank. Konsequenz davon war wiederum, dass soziale Dienste in Lateinamerika eingeschränkt wurden und in Afrika beispielsweise die Kosten für importierte Medikamente stiegen.

Umweltschützer und Umweltpolitiker wissen schon länger um die enge Verflochtenheit der Einen Welt. Langlebige organische Umweltgifte (POP), vor allem im Süden eingesetzt, belasten besonders die Inuit, die Eskimos, im Eis der Arktis. Das Ozonloch gefährdet vor allem die Menschen auf Feuerland, obwohl die Südchilenen beileibe nicht die Verursacher waren. Der Klimawandel trifft die armen Gesellschaften des Südens mit größerer Wucht als den reichen Norden, der die Ursachen größtenteils zu verantworten hat.

Die Enquetekommission zur Globalisierung der Weltwirtschaft schreibt in ihrem Zwischenbericht, der verschärfte internationale Wettbewerb wirke als »Peitsche« des Strukturwandels, der Arbeitsteilung und des technischen Fortschritts. Die Globalisierung gefährde die öffentlichen Güter – also Luft, Boden, Wasser und Arten – ebenso wie kulturelle Güter: also Menschenrechte, kulturelle Vielfalt, soziale Gerechtigkeit und Rechtsstaatlichkeit.

Worauf ist das zurückzuführen? Die Globalisierung hat insbesondere zu einer enormen Beschleunigung geführt, die nicht langfristiges planvolles Handeln fördert, sondern im Gegenteil: kurzfristiges Denken. Wer der rein betriebswirtschaftlichen Logik und dem kurzfristigen Shareholder Value Priorität zugesteht, übersieht, dass diese eine Welt anders als ein Betrieb nicht – oder nur um den Preis des Untergangs – in Konkurs gehen kann.

Allerdings hat die Globalisierung auch zu einer Globalisierung des Wissens und der Information geführt – auch des Wissens und der Information, wie die Probleme der Menschen auf dem Globus gelöst werden können. Anders gesagt: Geht diese eine Welt in Konkurs, dann tut sie das nicht unwissend.

Die Zahl der Menschen, die nicht den Gang der Lemminge gehen wollen, wächst jedoch. Immer mehr begreifen die politische Herausforderung dieses Jahrhunderts als persönliche Aufgabe und werden aktiv. Die wachsende Zahl von Bürgerinnen und Bürgern aus aller Welt, die zu UN-Konferenzen fahren oder bei der den Welthandel regelnden WTO demonstrieren, beweist: Mit der Globalisierung der Wirtschaft und des Wissens hat sich auch die Opposition gegen ihre ungerechten Folgen globalisiert.

Das ist eine Entwicklung, die zu Hoffnung berechtigt.

DIE ERDE IST EIN WOHNHAUS, DAS WIR NUR GEBORGT HABEN

Wir sind noch dabei, überhaupt zu verstehen, was der Satz »Wir haben die Erde von unseren Kindern nur geborgt« bedeutet. Welche Konsequenzen er uns abfordert. Denn das bloße Sonntagsbekenntnis, dass die Menschen des Südens und die Menschen von morgen unsere gleichberechtigten Partner im Alltag werden müssen, ändert nichts an deren konkreter Lebenssituation.

Was heißt das also: »Wir haben die Erde von unseren Kindern nur geborgt«?

Denken wir uns die Eine Welt als ein riesiges Wohnhaus, das im Moment an sechs Milliarden Menschen vermietet ist. Die Bewohner dieses Hauses haben sehr unterschiedliche Interessen, Gewohnheiten und Ansprüche. Und sie haben auch unterschiedlich viel Geld und Macht. Ihre Wohnungen sind sehr verschieden ausgestattet: Manche be-

18

sitzen eine Klimaanlage – andere haben nicht einmal eine Toilette.

Manche Bewohner leben eng zusammengepfercht. Wenn einer krank wird, werden viele andere auch krank, zumal sich nicht alle einen Arzt und Medikamente leisten können. Andere Bewohner haben eine ganze Etage mit Balkonen: Platz und Luft und Sonne.

Im Moment tun die meisten nur das, was ihnen und ihrer Wohnung gut bekommt. Wenn aber manche den Müll nur bis in den Hausflur räumen, wenn andere einen Umbau planen, der die Statik entscheidend verändert, wenn wieder andere einen Teil des Treppenhauses verheizen, und wenn niemand sich darum kümmert, dass das Dach instand gehalten wird: Dann bekommen alle Bewohner gewaltige Probleme.

Dann werden manche Wohnungen unbewohnbar oder unerreichbar. Teile des Hauses fallen zusammen. In Bauschutt und Müll nisten sich Mäuse und Ratten ein. Regen und Eis zersprengen im Lauf der Zeit noch intaktes Gemäuer. Es gibt aber kein neues Baumaterial. Was verloren ist, ist unwiederbringlich verloren. Also müssen die Bewohner immer enger zusammenrücken, und der Streit zwischen ihnen nimmt zu. Für ihre Kinder wird es noch enger.

Klar ist: So wie bisher kann es nicht weitergehen. Denn das Haus nutzt den Menschen nur, wenn sie es bewohnen können.

Deshalb müssen alle Bewohner sich möglichst rasch auf eine verbindliche Hausordnung einigen und dafür sorgen, dass sie auch durchgesetzt wird. Denn die Bewohner des Hauses sind ja nicht Eigentümer, sondern nur Mieter in diesem Haus. Sie alle müssen ihr Haus irgendwann der nächsten Generation übergeben. Die Kinder und Enkel wollen aber kein abgewohntes Haus, sondern eines mit intakter Installation, intaktem Dach und einem üppigen Garten.

Das Übergabeprotokoll für Haus und Garten würde,

wenn wir es jetzt erstellten, erhebliche Mängel auflisten: Jedes Jahr verliert die globale Mietergemeinschaft 20 Milliarden Tonnen fruchtbaren Ackerboden und mehr als 15 Millionen Hektar Tropenwald. Das ist eine Fläche halb so groß wie die Bundesrepublik. Sechs Millionen Hektar werden jedes Jahr zur Wüste. Die Hausbewohner in den komfortablen oberen Etagen produzieren Unmengen von Müll: Haus- und Gewerbemüll, Sondermüll und Atommüll, Abgase, gasförmige Gifte und Chemikalien, die in den Garten gelangen. All dieser Müll wird für die Menschen im Wohnhaus Erde immer gefährlicher. Das Dach hat Löcher und bietet nicht mehr überall Schutz.

Schönheitsreparaturen reichen schon heute nicht mehr aus. Die Bewohner des Hauses müssen lernen, mit Haus und Garten zu leben, ohne beides zu zerstören.

Da die jetzigen Bewohner sich nehmen, was sie brauchen können, sollte man denken, dass es zumindest den meisten von ihnen gut ginge. Aber das Gegenteil ist der Fall. Von den sechs Milliarden Hausbewohnern lebt nur eine Milliarde im Wohlstand, eine Milliarde unter mehr oder weniger akzeptablen Bedingungen und etwa vier Milliarden in ärmlichen bis menschenunwürdigen Verhältnissen. Etwa eine Milliarde hungert. Jeden Tag sterben 24 000 Menschen an Hunger.

Diesen Menschen schulden wir bessere, gerechtere Lebensverhältnisse. Aber es geht um noch mehr: Die jetzigen Lebensweisen bedrohen das Haus in seinem Bestand.

Vor 1 000, noch vor 500 Jahren konnten Menschen, ganze Völker weiterziehen, wenn die Bevölkerung sehr groß geworden war oder die eigene Region übernutzt hatte. Abenteurer und Landlose aus Europa besiedelten den amerikanischen Kontinent – nicht ohne im Norden wie im Süden die Ureinwohner zum Teil systematisch auszurotten.

Es wäre der Untergang der Menschheit, wenn die Erde

sich so entwickeln würde wie die Osterinseln. Die Osterinseln waren ehemals bewaldet, ein guter, vielfältiger Lebensraum. Deshalb siedelten dort Menschen. Als die Osterinseln abgeholzt waren und die dort lebenden Menschen kein Holz mehr hatten, um Kanus zum Fischen zu bauen, kam erst der Hunger, dann entstanden Clankriege, zum Schluss brach die gesamte Gesellschaft zusammen. Aus einer fruchtbaren Insel war eine ausgelaugte, karge Wüstenei geworden. Vielleicht konnten Überlebende sich damals auf andere Inseln retten – vor dem globalen Klimawandel aber kann man nicht flüchten. Erst recht nicht sechs Milliarden Menschen.

Da die Weltumwelt begrenzt ist, müssen wir jetzt Möglichkeiten suchen und erproben, wie in 50 Jahren weltweit 9,5 Milliarden Menschen auf dieser einen Welt leben können. Amory Lovins und Peter Hennicke haben in ihren Faktor-4-Studien dargestellt, dass unser Planet eine so große Bevölkerung beherbergen könnte, ohne irreparablen Schaden zu nehmen. Allerdings müssten dann alle intelligenter mit Ressourcen umgehen, als wir das heute tun. Wenn die Industrieländer jetzt und in absehbarer Zukunft auch alle anderen Länder konsequent umsteuern, könnten die für das Jahr 2050 erwarteten 9,5 Milliarden Menschen auf dem Level leben, den Europa in den 70er Jahren hatte. Sie könnten diesen Wohlstand haben – ohne ebensolche ökologische Schäden zu verursachen wie die Europäer in den 70er Jahren.

Verbrauch und Verschwendung

Was hat dazu geführt, dass die Eine Welt in solchen Problemen steckt? Der Verbrauch endlicher Ressourcen ist in den vergangenen fünfzig Jahren rapide gestiegen: Die

Verbrennung fossiler Energieträger, also von Kohle, Öl und Gas, hat sich seit 1950 fast verfünffacht. Heute verbrennt die Menschheit in einem Jahr fossile Brennstoffe, für deren Produktion die Natur 500 000 Jahre benötigt hat. Der Verbrauch von Süßwasser hat sich seit 1960 fast verdoppelt. Industrie und Haushalte verbrauchen heute 40 % mehr Holz als vor 25 Jahren.

Begünstigt wird die Verschwendung dadurch, dass die Preise nicht die wirklichen Kosten widerspiegeln. Die Nutzung und sogar die Zerstörung der Erdatmosphäre werden *bisher* einfach nicht berechnet. Selbst dort, wo Umweltkosten in Rechnung gestellt werden, geschieht das häufig unvollständig. Der Verlust von Arten, von Landschaft, von sauberer Luft, von Stille, von sauberem Wasser, ertragreichem Boden oder der Verlust von Fläche für Müllberge – all das sind Umweltkosten, die sich kaum in den Preisen niederschlagen.

Der verschwenderische Verbrauch endlicher Ressourcen geht einher mit den ungleichen Zugriffsmöglichkeiten auf Märkte. Die einen können auf fast alle Märkte global zugreifen, komparative Vorteile – kostenloses Wasser, niedrige Transportkosten – für sich nutzen. Den anderen ist der Zugang zu zahlungskräftigen Märkten – etwa zu den hochsubventionierten und protektionistisch abgesicherten europäischen und nordamerikanischen Agrarmärkten – verwehrt.

Wer in einem Industrieland wohnt, verschmutzt die Atmosphäre durchschnittlich etwa zehnmal so stark mit Treibhausgasen wie ein Mensch in einem Entwicklungsland. Der statistische US-Bürger bringt es gar auf die zwanzigfache Menge. Der Benzinverbrauch südlich der Sahara liegt bei einem Äquivalent von 72 Kilogramm Rohöl, in Industrieländern bei 500 Kilogramm.

Die ärmsten 20 % der Weltbevölkerung essen weniger als 5 % des weltweit konsumierten Fleischs, die reichsten 20 %

zehnmal so viel: nämlich etwa die Hälfte des weltweit geschlachteten Fleischs. Der Mangel wird in vielen afrikanischen Ländern in der Form gemanagt, dass zuerst die Männer essen. Frauen und Kinder bekommen die Reste. Proteine sind dann oft nicht mehr auf dem Teller.

Die Verbrauchsunterschiede zwischen dem reichsten Fünftel und dem ärmsten Fünftel sind inzwischen so gravierend, dass das Weltentwicklungsprogramm der Vereinten Nationen (UNDP) dieser Frage 1998 seinen Jahresbericht gewidmet hat. In den Industrieländern stieg der Pro-Kopf-Konsum während der letzten 25 Jahre kontinuierlich um rund 2,3 % jährlich – während der afrikanische Durchschnittshaushalt heute 20 % weniger konsumieren kann als vor 25 Jahren. Das reichste Fünftel leistet sich 86 % des weltweiten Konsums, das ärmste Fünftel 1,3 %.

Die Globalisierung habe die Kluft zwischen Arm und Reich vergrößert, heißt es trocken im Bericht der Globalisierungs-Enquete des Bundestages. UNDP, das Entwicklungsprogramm der Vereinten Nationen, illustriert das so: Die Vermögenswerte der drei reichsten Menschen übersteigen das Gesamtbruttoinlandsprodukt der 48 ärmsten Länder. Ein anderes Beispiel: Die Cayman-Inseln – drei flache Koralleninseln mit einer Fläche von 259 Quadratkilometern und etwa 30 000 Einwohnern – haben in den 90er Jahren einen größeren Kapitalzufluss genossen als alle gut 50 afrikanischen Staaten zusammen. Die Cayman-Inseln sind eine Steueroase. Wenn die Rahmenbedingungen der Globalisierung so bleiben, prognostiziert die Enquete des Bundestages, werden Arm und Reich noch weiter auseinander driften.

Die Probleme sind so umfassend, dass sie nicht durch eine bloße Einschränkung der Verbraucher im Norden zu lösen wären. Ich halte nichts von Simpel-Lösungen der Art, dass jeder Bürger des Nordens 1 % seines Einkommens abgeben sollte, um die Menschen im Süden zu alimentieren. Das würde weder das Problem des ökologischen Raubbaus noch das Problem der Armen lösen. Sie würden durch die Gewöhnung an diese Transfers erst recht abhängig von den Industriestaaten. Die wiederum könnten ihren Raubbau ungehindert und mit gutem Gewissen fortsetzen.

Die Lösung der Probleme der Globalisierung kann nicht auf Nachsorge, auf höhere Transfers begrenzt werden. Sondern wir brauchen ein sozial faires und ökologisch zukunftsfähiges, verbindliches Regelwerk, das die neuen Märkte, Akteure, Instrumente, das Produktion und Konsum konsequent einbezieht.

Dafür müssen wir uns von ein paar althergebrachten Vorstellungen trennen.

»Den Süden« und »den Norden« gibt es nicht mehr

Die Grenzlinie zwischen Arm und Reich verläuft nicht zwischen Nord und Süd, sondern zunehmend innerhalb dieser Gesellschaften – der Gesellschaften des Südens und des Nordens. Von »den« Ländern des Südens oder Nordens kann man eigentlich nicht mehr reden. »Der Süden« ist heute sehr heterogen. In 80 Ländern des Südens ist heute das Pro-Kopf-Einkommen niedriger als vor zehn Jahren. Teilweise sinkt sogar schon die Lebenserwartung. Andere Länder haben beachtliche Wachstumsraten aufzuweisen.

In mehreren Ölstaaten und in manchen Schwellenländern lebt inzwischen eine große Zahl von Menschen mit ähnlichen Lebensstilen wie im Norden. Sie werden, unabhängig von ihrem Lebensort, als Teil der »globalen Oberschicht« bezeichnet. Schwellenländer mit einer starken globalen Oberschicht haben eine Schlüsselfunktion bei der Ökologisierung der Wirtschaft wie bei der Steigerung der Ressourceneffizienz und beim Ausbau erneuerbarer Energien.

Wer hier im Norden zur breiten Mittelschicht gezählt wird, ist Teil der globalen Oberschicht. Natürlich gibt es innerhalb dieser Schicht gewaltige Reichtumsunterschiede. Dennoch ist die Abgrenzung der globalen Oberschicht gegenüber der globalen Unterschicht deutlich. Wer zur globalen Oberschicht gehört, hat in der Regel ein Auto, ein Bankkonto und einen Reisepass. Oder er ist reich genug, um einen erhalten zu können. Oft hat er oder sie eine gute Schulbildung. Zur globalen Oberschicht gehören – grob – viele Menschen im Norden und die Macht- und Geldelite des Südens.

Auf der anderen Seite steht die zahlenmäßig sehr viel größere Schicht all der Menschen in Süd und Nord, die ihre ganze Kraft darauf verwenden müssen, mit sehr geringen Ressourcen zu überleben oder ihr Dasein zu fristen.

Genauso wenig wie einen einheitlichen Süden gibt es heute noch einen homogenen »Norden«. Erstens hat der Zerfall des Ostblocks die neue Gruppe von Transformationsländern geschaffen, die auf dem Weg in die Marktwirtschaft den Zusammenbruch ganzer Wirtschaftssektoren erleiden. Zweitens gibt es zunehmend mehr Inseln der Dritten Welt inmitten der ehemaligen Ersten und Zweiten Welt: Albanien, Teile Russlands, die Pariser Vorstädte, ländliche Regionen der USA. In vielen Indianerreservaten der USA beträgt die Arbeitslosigkeit bis zu 70 %.

Aus Mangel an wirklich zutreffenden Bezeichnungen spreche ich im Folgenden dennoch vom Norden und vom Süden. Sie beschreiben die Problematik zumindest zutreffender als das Begriffspaar »Industrieländer/Entwicklungsländer«.

Dass nicht alle 6 Milliarden Menschen so verschwenderisch leben können wie die globale Oberschicht, ist unbestritten. Aber statt konstruktiv den Diskurs in Richtung effizientere Ressourcennutzung zu lenken, warnen manche nur vor dem, was geschähe, wenn zum Beispiel 1,3 Milliarden Chinesen den Lebensstil dieser Oberschicht übernehmen würden.

Diese Argumentation führt leicht in eine Sackgasse. Jeder fünfte Erdbürger lebt heute in China. Es stimmt, dass wir ohne China den Klimawandel niemals begrenzen könnten. Allerdings ist es weder zukunftsfähig noch fair und zudem unmöglich, den Chinesen vorzuenthalten, was zum Beispiel wir Europäer selbst genießen: Heizung, Dusche, Kühlschrank, Fernsehen usw. Das Ziel kann nur sein, Techniken und Verfahren zu entwickeln, die weltweit vergleichbare Lebensqualität schaffen – ohne den Planeten zu ruinieren.

Die USA haben ihre Weigerung, zu den eingegangenen Verpflichtungen des Kyoto-Protokolls hinsichtlich der Reduktion von Treibhausgasen zu stehen, damit begründet, dass China nicht zu Reduktionen verpflichtet wurde. Nun: China ist den USA weit voraus. Während selbst das optimistischste Szenario davon ausgeht, dass die Treibhausgasemissionen der USA in den nächsten Jahren um 15 % steigen werden, hat China es trotz eines Wirtschaftswachstums von 35 % in fünf Jahren geschafft, seinen CO_2-Ausstoß um 7,3 % zu senken. Die Entkoppelung von Wachstum und Emissionen ist China unter anderem dadurch gelungen, dass es den Mut hatte, Kohlesubventionen abzuschaffen. Im Klimaschutz ist China gegenüber den USA ein Vorreiter.

Zu viele Menschen?

Einige Demographen behaupten, das Bevölkerungswachstum sei der Grund für den wachsenden Verbrauch natürlicher Ressourcen. Deshalb sollte man die Weltbevölkerung auf 1 bis 2 Milliarden Menschen reduzieren. Merkwürdigerweise haben dieselben Bevölkerungswissenschaftler kein Problem damit, sich im gleichen Atemzug für mehr Kinderreichtum in Deutschland einzusetzen.

Wären sie konsequent, müssten sie stattdessen fordern, die Bevölkerung im Norden müsse schrumpfen. Denn legt man den Gesamtflächenbedarf für den Ressourcenverbrauch pro Kopf zu Grunde, also den »ökologischen Fußabdruck«, dann wären Deutschland (Bedarf von 5 Hektar pro Kopf) und die USA (10 Hektar) überbevölkert, Indien (0,8 Hektar) und China jedoch nicht. Hamburg etwa müsste sich danach auf das gesamte Gebiet zwischen Neumünster, Wittenberg, Soltau und Bremerhaven erstrecken, denn so groß ist der ökologische Fußabdruck der Hansestädter.

Vor allem der Ressourcenverbrauch des Nordens ist das Problem, weniger die Zahl der Menschen insgesamt und am wenigstens die Zahl der Menschen im Süden.

Armut oder Reichtum – was ist das schlimmere Umweltgift?

Der Umstand, dass Arme aus purer Not zu Tätern bei der weiteren Zerstörung natürlicher Lebensgrundlagen werden, hat Indira Gandhi zu dem Diktum veranlasst: *Armut ist das schlimmste Gift für die Umwelt.* Daran ist richtig, dass wir die globale Ökokrise, dass wir das Artensterben, die globale Klimaveränderung, die Verschwendung natürlicher Ressourcen nicht verhindern können, wenn wir dies nicht mit einer wirtschaftlichen Überlebensstrategie für alle Menschen verbinden. Gandhis Diktum mahnt die Ökologen zu Recht, die Soziale Frage nicht zu vernachlässigen.

30 Jahre nach Indira Gandhis Diktum ist ihr Satz *Armut ist das schlimmste Gift für die Umwelt* aber vielleicht sogar falsch. Betrachten wir den enormen Ressourcenverbrauch der globalen Oberschicht – insbesondere im Norden –, ihren Energieverbrauch, ihre CO_2-Emissionen, muss man eher umgekehrt sagen: *Reichtum ist das schlimmste Gift für die Umwelt.*

Zukunftsweisend ist allein eine grundlegende ökologische Reform unserer gesamten Lebensweise. Das darf nicht missverstanden werden als ein quantitatives Bescheiden etwa beim privaten Verbrauch. Mit einer calvinistischen Verzichtsethik wird sich globale Gerechtigkeit nicht herstellen lassen. Nein, es geht um eine umfassende qualitative Veränderung aller Produktions- und Verbrauchsweisen.

Das Ziel ist, mit technischem Know-how und ökologischer Sensibilität einen Lebensstil zu entwickeln, der globale Gerechtigkeit und globalen Wohlstand bringt – für diese und künftige Generationen. Ein wesentliches Instrument dabei ist eine Internalisierung aller Kosten in die Preise. Das begünstigt den Aufbau von Kreislaufstrukturen, den Ausbau erneuerbarer Energien und die Steigerung der Ressourceneffizienz. Zugespitzt: Wie fährt man mit der Hälfte des Sprits die doppelte Kilometerzahl?

Die ökologische Wende ist möglich. Der Weg führt über Innovation. Über die Globalisierung von ökologischen und sozialen Standards, über die Globalisierung von Know-how.

Nichts ist unmöglich?

Als Carl Zuckmayer 1942 »Des Teufels General« schrieb, suchte er nach einem Bild für die Unverschämtheit des Zugriffs der Nazis auf Europa. Er wählte dafür eine Einladung zum Essen – und als sein Sprachrohr die Figur eines französischen Kellners, der die Nazi-Generäle bedienen musste. Gleich zu Beginn des 1. Aktes bringt der Kellner François auf den Punkt, was der Fliegergeneral Harras seinen Gästen offeriert: »Dieu merci que nous avons des pays occupés«: die Vorspeise – aus Norwegen, der Hummer – aus Ostende, das Wild – aus Polen, der Käse – aus Holland, die Butter – aus Dänemark, das Gemüse – aus Italien, der Kaviar – aus Moskau, der Champagner – aus Frankreich. Der sei besser als »Ribbentrops Hausmarke«, meint besitzergreifend der deutsche Kellnerkollege Detlev, als er die Korken knallen lässt.

1942 war diese Vielfalt von Produkten aus Europa der Inbegriff von Imperialismus. Heute sind nicht mehr nur Produkte aus Europa, sondern aus weit größerer Entfernung auf dem Tisch der Menschen: Äpfel aus Chile und Neuseeland, Bohnen aus Kenia und der Sahel-Zone, Lachs aus Kanada, Ananas von der Elfenbeinküste, Wein aus Kalifornien, Südafrika und Australien, Feigen aus dem Iran, Mango aus Brasilien, Lamm aus Neuseeland, Shrimps aus Ecuador und Thailand. Sie sind bei Aldi und Plus und nicht nur im KaDeWe oder Feinkostläden erhältlich.

Die Globalisierung der Nahrungsmittelmärkte macht Delikatessen aus aller Welt und energetisch hochwertige Nahrungsmittel wie Fleisch und Fisch für die globale Oberschicht zugänglich und billig. Mittlerweile sind Shrimps in jeder mittleren Vereinskneipe Bestandteil des Mikrowellen-gegarten Essensangebots. Shrimps waren vor

20 Jahren noch eine teure Seltenheit. Doch die Nachfrage stieg, also wurde die industrielle Produktion in Ecuador, Indien und Thailand ausgeweitet. Durch das größere Angebot sanken die Verbraucherpreise, was wiederum die Nachfrage erhöhte. Also wurde noch mehr produziert. In den 90er Jahren ist der Garnelenkonsum im Norden um das 300fache angestiegen. Ihr Preis ist von 1986 bis 1996 von 14 auf 5 Dollar gefallen.

Umgekehrt verengte die Maßlosigkeit des Zugriffs vormalige Volksspeisen zu Delikatessen. Wo keine industrielle Produktion möglich war, blieb nur der Raubbau. In meiner Jugend war Hering ein Armeleuteessen – heute ist er zu einer teuren Delikatesse geworden. Die Seezunge ist fast ausgerottet.

Manchmal kommen durch die Globalisierung in Vergessenheit geratene Genüsse auch zurück. In den sechziger Jahren kannte kaum noch jemand Mangold, die Rauke war völlig vergessen. Heute kann man die schmackhafte Spinat-Alternative auf jedem Wochenmarkt kaufen, und kein italienisches Restaurant verzichtet auf Gerichte mit Rucola. Die durch Reimport ausgelöste Wiederentdeckung alter Gemüse hat wiederum die Chancen für ökologisch angebaute Gemüse erhöht und die Neuentdeckung regionaler Küchen erlaubt.

Jeder Verbraucher der globalen Oberschicht hat Zugriff auf »die ganze Welt«. Er ist ein globaler Akteur mit grenzübergreifenden und teilweise grenzenlosen Ansprüchen. Wer keine Naherholungsgebiete vor der Haustür hat und wer sich keinen Urlaub auf Sylt oder Usedom leisten kann, fliegt nach Antalya oder *all-inclusive* in die *DomRep*. Es ist vielfach billiger, acht Stunden in die Karibik zu fliegen, als mit der Familie auf einer deutschen Nordseeinsel Urlaub zu machen. Weil der Transport mit dem Charterflieger oft nur wenig mehr kostet als die innerdeutsche Fahrt mit der Bahn, können sich die niedrigen Löhne der Karibik direkt in niedrigen Preisen niederschlagen. Die deutsche Bundesregierung versucht deshalb, in Zusammenarbeit mit Reiseveranstaltern genussreiches und preiswertes Reisen mit der Schonung natürlicher Ressourcen zu verbinden. Entsprechende Reiseangebote werden unter der Dachmarke *ViaBono* – der gute Weg – offeriert.

So sinnlich erfahrbar die Globalisierung beim Essen und beim Reisen für die Angehörigen der globalen Oberschicht, für uns, ist – es wäre verkürzt, sie hierauf zu beschränken.

Globalisierung – ein Schlagwort auf dem Vormarsch

Der Anteil der außenwirtschaftlich gehandelten Güter steigt seit dem Ende des Zweiten Weltkrieges steil an. Inzwischen ist der Anstieg exponentiell, und zwar am stärksten während der 90er Jahre. Massive Schübe für die Globalisierung waren der Durchbruch der Erdöl-Ära, dann die engere Verflechtung der internationalen Finanzmärkte seit den 80er Jahren und die Freigabe der Wechselkurse. Ein weiterer Globalisierungsschub setzte ein, nachdem die USA 1984 die Internettechnologie für den zivilen Bereich freigaben. Die Zahl der jederzeit über das Internet erreichbaren Rechner, die auch Internetdienste anbieten, stieg von ca. 0,3 Millionen 1990 auf mehr als 9 Millionen 1996. Ende 2001 hatten schon 474 Millionen Menschen zu Hause einen Internetanschluss. Die politische Globalisierung nach dem offiziellen Ende des Ost-West-Konflikts 1989 und die Gründung der WTO 1995 führten zu weiteren Globalisierungsschüben in der Wirtschaft. Inzwischen sind die globalen Finanzmärkte die dynamischsten Zentren, die in sich zugleich die größten Risiken für das fragile System bergen.

Globalisierung als Schlagwort errang erst nach 1989

Bedeutung und hat sie während der 90er Jahre mehrfach geändert. Sprach man bis zum Erdgipfel von Rio 1992 primär von der Globalisierung der Umweltschäden, setzte sich danach ein anderer Inhalt durch: Unter Globalisierung wird heute eine wachstumsorientierte globale Marktwirtschaft mit Privilegien für den Norden verstanden.

Globalisierung und Uniformität

Inzwischen umfasst die Globalisierung für die an ihr Teilhabenden nahezu alle Bereiche: nicht mehr nur Rohstoffe und Industrieprodukte, sondern auch Dienstleistungen aller Art. Dazu gehören die Internationalisierung der Medien, Tourismus, Filmindustrie, Popmusik und andere Zweige der Unterhaltungsindustrie; die Vereinheitlichung von Konsumgewohnheiten, ein internationaler Wissenschaftlermarkt, die Durchsetzung von Normen und der zunehmende Einfluss des angelsächsischen Rechtssystems in Wirtschaft und Gesellschaft (Opfer einer Zugkatastrophe in der Lüneburger Heide klagen vor einem US-Gericht), die weitgehende Durchsetzung von Englisch als *der* Weltsprache (zu Lasten anderer Weltsprachen wie Chinesisch, Russisch, Spanisch, Arabisch oder in Afrika Kisuaheli). Wer nicht Teil dieses globalen Netzes ist, weil er zum Beispiel keinen Strom hat oder nicht Englisch spricht, wird abgehängt. Die Welt fragmentiert sich zunehmend, zwischen denen, die an ihr teilhaben können, und denen, die ausgeschlossen sind.

Das Schlagwort Globalisierung umfasst auch ökologische Krisen. Sie tragen zu Flüchtlingsbewegungen bei, die Nachbarregionen stark belasten und ökologisch teilweise aus Not verwüsten. Die Bilder von den Lagern für ruandische Flüchtlinge im Kongo sind uns präsent. Inzwischen gibt es mehr Umwelt- als Kriegsflüchtlinge auf der Welt. Globalisiert hat sich die Ausbreitung ansteckender Krankheiten wie Aids; Tuberkulose ist nicht nur in Afrika, sondern auch in Russland und den Elendsvierteln von US-Städten sprunghaft angestiegen.

Globalisiert haben sich auch andere Krisenphänomene. Unzählige Menschen sind von massiver nichtstaatlicher Gewalt betroffen: Weltweit werden Konflikte, Überfälle und Raubzüge vor allem mit einer Waffe, der AK 47, benannt auch nach ihrem Erfinder Kalaschnikow, ausgetragen. Diese Kleinwaffe hat in den letzten zehn Jahren mehr Menschen getötet als alle Massenvernichtungswaffen zusammen. Sie wird zunehmend Kindern in die Hand gedrückt. Bemühungen, die Verbreitung dieser Kleinwaffen international über eine Konvention zu ächten und zu kontrollieren sind bisher leider gescheitert – nicht nur, aber vor allem am Widerstand der USA. Lediglich ein Aktionsprogramm konnte 2001 auf UN-Ebene verabschiedet werden.

Gigantomanie im begrenzten Raum

Die 90er Jahre waren geprägt von Fusionen und Firmenübernahmen. Die Konsequenz ist, dass etliche transnationale Konzerne (etwa General Motors, BP, Nestlé) heute finanzstärker sind als einzelne Staaten, darunter große Industriestaaten. Sie sind zu global agierenden Kräften geworden, die von einer kritischen Öffentlichkeit als »globalitäre Regime« bezeichnet werden. Ich werde im Weiteren – auch wenn die Übersetzung nicht vollständig richtig ist – meist den Begriff der internationalen oder multinationalen Unternehmen beziehungsweise Konzerne verwenden.

Parallel zur Globalisierung der Konzerne haben sich Nationalstaaten zu Wirtschaftsräumen wie NAFTA, SADC,

Mercosur oder ASEAN zusammengeschlossen – oder sogar zu neuen politischen Einheiten wie der EU. Sie ist mehr als ein Staatenbund mit Binnenmarkt und doch kein Bundesstaat.

Neue supranationale Zusammenschlüsse sind die Antwort auf die Herausbildung international agierender Unternehmen – und nicht der Abschied von nationaler Politik. Eine solche Staatengemeinschaft hat etwa bei der Klimakonferenz in Bonn bewiesen, dass sie fähig ist, den Interessen einer Ressourcen verschwendenden Weltmacht Paroli zu bieten und den Ausstoß von Treibhausgasen in den Industrieländern einzudämmen.

Die Initiativen zur Stärkung solcher multilateraler Institutionen vor allem im Rahmen der UNO sind ein wichtiger Versuch, der gewachsenen Macht internationaler Konzerne und der gewachsenen Macht der ökonomisch starken Staaten samt den von ihnen dominierten Institutionen politischen Gestaltungswillen und Gestaltungsfähigkeit entgegenzusetzen.

Wer ist wirklich Teil des globalen Marktes?

Die meisten afrikanischen Staaten würden sich als Teil des globalen Marktes bezeichnen, weil sie in der Tat auf Drängen des Internationalen Währungsfonds (IWF) eine exportorientierte Wirtschaftspolitik betreiben. Die Länder südlich der Sahara haben mit 29 % ein höheres Export-/Bruttoinlandsprodukt-Verhältnis als Lateinamerika (15 %). Aber sie stellen nur einen geringen Teil des Welthandelsvolumens, da sie fast nur Rohstoffe exportieren.

Die EU trägt fatalerweise mit entwicklungspolitischen Instrumenten noch dazu bei, dass die ca. 70 AKP-Staaten (Staaten Afrikas, der Karibik und des Pazifiks, die mit der

EU besondere Handelsvereinbarungen haben) Rohstoffe nicht weiterverarbeiten. Seit 1975 sichert die EU über einen Fond die Exporterlösschwankungen agrarischer Rohstoffe ab (STABEX). 1980 hat sie eine Finanzierungsfazilität für Bergbauerzeugnisse geschaffen (SYSMIN). Beides hält Länder des Südens davon ab, die gewinnträchtigere Weiterverarbeitung der Rohstoffe zu beginnen oder auszubauen.

Nach wie vor sind die Länder des Südens in ihren Wirtschafts- und Verkehrsbeziehungen auf ehemalige Kolonialmächte oder Industrieländer ausgerichtet. Wer von West- nach Ostafrika fliegen will, muss oft den Umweg über Europa nehmen. Speciosa Kazibwe, die Vizepräsidentin Ugandas, beschrieb 1997 in einem Interview die Konsequenzen nachkolonialer Verkehrswege aus afrikanischer Sicht: »Für jeden ist der lokale Markt besser. Wenn man von weit entfernten Märkten abhängig ist, auf die man wenig Einfluss hat, die man überhaupt nicht kontrollieren kann, schafft das Unwägbarkeiten und Probleme. Im Moment diskutieren wir zwar über den Zugang zu europäischen, amerikanischen und asiatischen Staaten, aber doch nur, weil wir selbst zu wenig Binnennachfrage haben. Bei uns sind die Menschen zu arm, um zu kaufen. (...) Wenn wir mehr Kaufkraft entwickeln, können wir gut auf eigenen Füßen stehen. Weshalb sollen wir unsere Produkte exportieren? Unser Mais wird in Europa an Tiere verfüttert. Gäbe es eine Straße von Uganda nach Zaire, könnten wir auf dem eigenen Kontinent sehr viel höhere Preise für unseren Mais erzielen. Dann würden ihn Menschen essen. Das Problem ist, dass wir innerhalb Afrikas keine Möglichkeiten haben, Handel zu treiben. Es fehlen Straßen, Telefonverbindungen, die ganze Vermarktungsstruktur.«

Direktinvestitionen fließen bis auf wenige Ausnahmen – vorwiegend im Bergbau – völlig an Afrika vorbei. Afrika kann die Globalisierung nicht für sich nutzen, sondern ist ihr Objekt und ihr Zuschauer. Afrika ist der Kontinent, der durch die Globalisierung verloren hat, und er gerät immer mehr ins Hintertreffen.

Der Status quo ist von drei grundlegenden Mängeln geprägt: Privilegien für die Ökonomien des Nordens, kostenfreie Nutzung des globalen Naturerbes sowie unzureichende Bepreisung der Verkehrs- und Kommunikationsinfrastruktur.

Die WTO-Konferenz von Doha im Herbst 2001 hat die kompromisslose Auslieferung des Planeten an den Handel erstmals in Frage gestellt. Der Weltgipfel in Johannesburg muss mit politischen Beschlüssen und Initiativen eine zukunftsfähige Entwicklung anstoßen, die die Begrenztheit und Kostbarkeit der Weltumwelt berücksichtigt. Dabei kommt Initiativen zu »Wasser« und »Energie« als Schlüsselfeldern für eine gerechte Entwicklung ebenso eine zentrale Bedeutung zu wie der Stärkung der UN-Umweltstrukturen.

Die Entgrenzung von Raum, Zeit und Ansprüchen

Globalisierung heißt nicht nur: Globalisierung der Wirtschaft, des Güterverkehrs und der Umweltschäden. Sie führt auch zu einer Entgrenzung von Raum und Zeit durch technische Innovationen wie zum Beispiel immer schnellere Verkehrsmittel, durch Medien wie das Fernsehen und das Internet. Durch die Verfügbarkeit über Raum und Zeit verliert sich das Bewusstsein, abhängiger Teil eines begrenzten Ökosystems zu sein. Wenn zum Beispiel Energie aus dem Ausland bezogen werden kann, ist es nicht mehr zwingend, mit der am Ort vorhandenen Energie hauszuhalten. Das Gleiche gilt für jede andere Handelsware. Das gilt sogar für Ausbildung. Wer billiger junge Fachkräfte oder hochbegabte Ingenieure »importiert«, bildet selbst

36

keine mehr aus. Der Handel, der Zugang, Machtverhältnisse bestimmen den Preis, nicht mehr der Umfang des lokalen Angebots.

Die Entgrenzung von Raum und Zeit ermöglicht es Unternehmen, Produkte und Dienstleistungen räumlich zu verlegen. Allein die Möglichkeit, dies zu tun, genügt, um regional gebundene Partner wie Kommunen oder Arbeitnehmer einem verschärften Wettbewerbsdruck auszusetzen. Die Entgrenzung von Raum und Zeit ermöglicht es auch, ohne große Anstrengungen Naturräume auszubeuten, zu verlassen und weltweit andere Naturräume zu erobern.

Die Überwindung des Nahraums

Entgrenzung und ihre Folge, Mobilität, schaffen Freiräume. Dort, wo diese beschleunigte Verlagerung und die Überwindung weiter Strecken die Norm sind, muss mobil sein, wer mithalten will. Die Abhängigkeit von Entscheidungen an weit entfernten Orten nimmt zu.

Seit das Auto einer breiten Masse in Industrieländern zugänglich ist, haben sich die Städte völlig verändert. Sie wurden – ohne Zunahme der Bevölkerung – doppelt, teilweise vierfach so groß. Familien holten sich Ruhe und Erholung durch ein Einfamilienhaus am Stadtrand. Die Industrie und große Ladenketten eigneten sich außerhalb der Stadt Land für große Lager- und Verkaufsflächen, für riesige Parkplätze an.

Entgrenzung von Raum erzeugt neue Bedürfnisse. Jede und jeder möchte im Grünen wohnen, gleichzeitig vermisst er städtische Nachbarschaft und will ohne lange Anfahrt per Auto, Flugzeug oder Bahn mobil sein.

Nach dem Zweiten Weltkrieg wurde das Flugzeug zunehmend zum normalen Verkehrsmittel. Der Flugverkehr, von der Urlaubsreise über Geschäftsreisen bis zur Luftfracht, hat rapide zugenommen – die Kosten dagegen haben abgenommen: Kostete die durchschnittliche Flugmeile pro Passagier 1930 noch 0,68 Dollar (Dollarwert von 1990), waren es 1990 nur noch 0,11 Dollar. Die Folge: Es wird mehr geflogen. Die negativen Folgen für das Klima sind trotz leiserer und sauberer moderner Flugzeuge gestiegen.

Mit dem ICE braucht man fünf Stunden von Berlin nach Bonn – ein Flugzeug von Frankfurt nach New York benötigt acht Stunden. Um an einem Tag von der eritreischen Hauptstadt Asmara nach Nakfa, die Hauptstadt der eritreischen Nordprovinz, zu gelangen (ca. 320 Kilometer), braucht man noch immer einen Tag, einen guten Jeep und einen noch besseren Fahrer. Und um von Nakfa in ein 20 Kilometer westlich gelegenes Dorf zu gelangen, braucht man wie seit Jahrhunderten einen Tag. Fußmarsch.

Das globale Dorf

Zugleich wird die Weltgesellschaft heterogener, weil manche Regionen an der Beschleunigung und Entgrenzung, am globalen Netz nicht teilnehmen können. So können sich zum Beispiel 30 WTO-Mitgliedstaaten nicht einmal einen ständigen Vertreter in Genf, dem Sitz der Organisation, leisten. Oder: Als ich in Eritrea war, hatten dort manche Provinzbüros noch kein Fax oder Telefon und mussten deshalb mit der Zentrale in Asmara per Briefpost kommunizieren. Ein Londoner Börsenmakler dagegen kann per E-Mail in nur einer Minute in Tokio ein riesiges Aktienbündel verkaufen und damit den Crash des wichtigsten Unternehmens in Indonesien hervorrufen. Das geht so schnell, dass es nicht möglich ist, eine Gegenstrategie zu entwerfen – wie es zum Beispiel bei einer absehbaren Miss-ernte oder dem allmählichen Niedergang eines Unterneh-mens möglich wäre.

Das globale Dorf lebt mit einem hohen Tempo. Vor allem viele Rentenpensionsfonds haben die Beschleunigung zum Grundprinzip erhoben. Einziges Erfolgskriterium ist die Kapitalrendite. Folglich ist der schnelle Zugriff und das schnelle Abwerfen von Aktien die übliche Praxis. Das setzt das einzelne Unternehmen unter enormen Erfolgsdruck. Der Verfall der Nokia-Aktie ist Beleg dafür, dass es nicht mehr reicht, wenn eine solide Firma in einem Zukunftssektor schwarze Zahlen schreibt.

Auf der anderen Seite stehen, wenn Spekulationen oder plötzlicher Kapitalabzug ein Land in die Krise ziehen, Men-schen, die ihre Arbeit verlieren. Vor allem Frauen. Beispiel Südkorea in der Asienkrise: Als berufstätige Frauen waren sie in Zeiten des Aufbaus gefeierte »Heldinnen der Nation« und »Soldatinnen des Exports«. In der Asienkrise griff Süd-korea jedoch wieder auf die Rolle des männlichen Familien-ernährers zurück und zählte erwerbslose Frauen bei der Ar-beitslosenstatistik einfach nicht mit. Entlassen wurden zuerst verheiratete Frauen mit Kindern, dann verheiratete Frauen ohne Kinder, danach ledige Frauen und zum Schluss erst Männer.

Beschleunigung des Handels

Die Entgrenzung von Raum und Zeit führt dazu, dass Geldmengen sich in Windeseile rund um den Globus be-wegen. Der Planet ist ein Spielfeld globalen Handelns ge-worden, ohne dass es schon ausreichend Spielregeln und ei-nen mit Entscheidungsmacht ausgestatteten Schiedsrichter gäbe, der die Begrenztheit der Weltumwelt im Blickfeld hätte. Noch herrscht das Recht des Stärkeren vor.

Dem Handel mit Gütern geht inzwischen ein schneller Handel mit dem Anspruch auf Güter voraus. Manche Produkte werden bereits mehrfach gehandelt, obwohl sie noch auf dem Halm stehen und gar nicht sicher ist, wie gut die Ernte tatsächlich wird. Der Bauer, der den Kaffee oder das Getreide anbaut und erntet, hat dabei gar keinen Einfluss auf das Geschehen.

Die Entgrenzung von Raum und Zeit führt dazu, dass der globale Akteur sich gar nicht mehr bewusst macht, weshalb und wie eine Aktie Gewinn bringt. Wie viel Zeit, Arbeit, Ressourcen und Land dazu nötig sind, die Ansprüche des globalen Verbrauchers zu befriedigen. Das gilt nicht nur für Broker oder Unternehmer. Das gilt auch für uns Verbraucher.

Verlust von Beziehungen und Lebensplanung

Ob Autoindustrie oder Softwareschmiede – sämtliche große Unternehmen setzen bei der Entwicklung und Produktion auf interne Ausschreibungen und den Wettbewerb von Teams und Werken gegeneinander. Nicht mehr das Gefühl *Wir Volkswagenkollegen* dominiert unter diesen Bedingungen, sondern die Mentalität: *Wir Wolfsburger müssen besser sein als die in Barcelona.*

Microsoft hat dieses System perfektioniert. Wenn Microsoft eine neue Software entwickelt, werden mehrere hauseigene Teams an die gleiche Aufgabe gesetzt. Das Siegerteam wird gut honoriert, die anderen verlieren den Job.

Bei der nächsten Ausschreibung oder bei der nächsten Chance arbeiten die Mitarbeiter der Teams in völlig anderer Besetzung, bei ganz anderen Firmen. Die Menschen werden zu Einzelkämpfern gemacht, zu Unternehmern ihrer eigenen Arbeitskraft. Sie müssen in immer wieder wechselnden Gruppen sehr eng zusammenarbeiten. Der Einzelne muss sehr flexibel sein und kann wenig planen. Er kann sich auch kaum mit einer Firma oder Kollegen identifizieren und organisieren.

Noch extremer ist dies zum Beispiel für Menschen, die Leih- oder Zeitarbeit annehmen müssen. An die Stelle der Karriere tritt vollends der bloße Job. Das Outsourcing von Funktionen befördert aber gerade solche bindungslosen Beschäftigungsverhältnisse. In manchen Branchen hat sich unter der Oberfläche des Glamours ein neues rechtloses Proletariat herausgebildet. Fernsehsender lassen heute in der Regel von Fremdfirmen produzieren. Das Ergebnis: Bringt eine Sendung keine Quote, braucht weder RTL noch das ZDF jemanden zu entlassen, auch Sozialpläne müssen nicht aufgestellt werden. Die Produktionsfirma geht in Konkurs. Kameraleute, Schauspieler, Beleuchter und Redakteure stehen auf der Straße und können sich nach einer neuen Produktionsfirma umsehen. Wo der befristete Job zur Regel wird, wird Lebensplanung zum Glücksspiel, das von Schwangerschaft oder längerer Krankheit auf keinen Fall gestört werden darf.

Der Stärkste bestimmt die Regeln

Der Globalisierung fehlt ein Gerechtigkeit stiftender Rahmen. Ohne eine solche Instanz wirken die durch Beschleunigung und Konzentrationsprozesse enorm gewachsenen Kräfte in letzter Konsequenz zerstörerisch. Die Akteure der lokalen Ebene können sich gegen die gewachsenen globalen Kräfte nicht mehr zur Wehr setzen. Auch Nationalstaaten haben eingeschränkte Verhandlungsmacht. Deshalb ist die Forderung nach Renationalisierung, wie sie sich manche Globalisierungskritiker zu Eigen gemacht haben, hilflos und rückwärts gewandt. Renationalisierung würde die Ebene globaler Verbindungen sich selbst überlassen. Sie könnte ihre Machtposition noch weiter ausbauen und eine noch zerstörerischere Dynamik entfalten. Für die Gestaltung des nächsten Jahrhunderts taugt die Rückbesinnung auf nationales Erbe – der gute französische Ziegenbauer gegen die McDonaldisierung der Welt – nicht.

Es geht nicht um national contra global. Es geht um einen globalen Widerspruch. Die Interessen im Wohnhaus Erde kollidieren. Auf der einen Seite gibt es Hausbewohner, die Haus und Garten möglichst lange nutzen und möglichst unbeschadet weitergeben wollen. Auf der anderen Seite Penthousebewohner, die Haus und Garten als Steinbruch, als Marktplatz und als Spekulationsmasse benutzen, um ihre privaten Wünsche zu befriedigen.

Den Schaden haben bisher oft die anderen

Die Käufer wissen oft wenig über die Herstellungsbedingungen der Waren, die sie kaufen. Das ist nicht einmal ihre Schuld. Es ist zur Zeit für einen Käufer kaum möglich, die Herkunft eines Produkts herauszufinden. Labels wie bei Teppichen oder Blumen sind die Ausnahme.

Wer Goldschmuck kauft, weiß in der Regel nicht, wo und wie das Gold gewonnen wurde. Mit oder ohne Zyanid. Zyanidkatastrophen in Ghana, in der Türkei, in China finden in der Regel nicht einmal Eingang in die Presse des Nordens. Gelangt Zyanid ins Grundwasser, hat die lokale Bevölkerung kein Trinkwasser mehr. Flüsse, Bäche und Boden werden mit Schwermetallen verseucht. Wer beispielsweise über die Menschenrechtsgruppe FIAN Nachrichten über den Goldabbau verfolgt, erfährt, dass solche Unfälle sehr häufig sind. Dass sie sogar beinahe provoziert werden – etwa durch weitere Liberalisierung und Deregulierung.

Die Menschen, die den Schaden bei solchem Dumping erleiden, sind sehr weit weg von einem Kunden, der Goldschmuck kaufen will. Es gibt keine auch nur annähernd ausreichende Produkttransparenz. Die Unternehmen, die Goldbergbau betreiben, haben daran auch kein Interesse. Ein Labeling über die Herstellungsbedingungen gibt es international nicht.

Kosten und Preise

Seefracht wird immer billiger. Kostete eine Tonne 1920 noch 95 Dollar, so waren es 1990 nur noch 29 Dollar (Dollarwerte jeweils von 1990). Äpfel aus Chile sind in Deutschland konkurrenzfähig, weil Pflücker in Chile sehr viel weniger Lohn erhalten als in Deutschland. Der Verlust an Gesundheit und Lebenserwartung schlägt sich aber nicht im Preis nieder. Auch die Umweltzerstörung durch den Transport aus Chile (Verbrauch von Treibstoff, Emissionen) wird nicht in den Preis der Äpfel eingerechnet. Deshalb sind Äpfel aus Chile selbst auf dem Berliner Wochenmarkt billiger als Äpfel aus Brandenburg. Der komparative Kostenvorteil Chiles, die niedrigen Herstellungskosten des Produkts, beruhen auf der kostenlosen oder zu Dumpingpreisen möglichen Nutzung globaler Gemeinschaftsgüter.

Kaum konkurrenzfähig wären griechische Pfirsichkonserven und irische Butter in Südafrika, wenn die EU ihre diversen Subventionen striche und wenn in Transportkosten Umweltkosten eingerechnet würden.

Paarl ist eine Stadt in Südafrika, in der südwestlichen Kapregion. Die Männer dort arbeiten als Fischer, Taxifahrer – oder in anderen Städten. Die Frauen aber sind wegen ihrer Kinder auf die Arbeitsplätze in den Obstkonservenfabriken im Ort angewiesen. Zur Zeit der Obsternte sind die Frauen das Reservoir, aus dem ad hoc die Pflückerinnen für 18-Stunden-Tage rekrutiert werden können. Wer einen Arbeitsplatz in einer Konservenfabrik hat, arbeitet dort »fest«. »Fest«, das heißt das ganze Jahr. Tatsächlich aber wird die Frau nach sieben Monaten und drei Wochen für eine Woche entlassen und danach wieder eingestellt. Damit hat sie offiziell den Status einer Saisonarbeiterin und kann jederzeit gekündigt werden.

Nun aber drohen Entlassungen ohne Wiedereinstellung. 1999 hat die EU mit Südafrika ein Freihandelsabkommen abgeschlossen. Es öffnet die EU für Waren aus Südafrika. Gleichzeitig aber öffnen sich die Märkte Südafrikas – und über die SADC (Southern African Development Community) auch die Märkte der noch weniger konkurrenzfähigen Nachbarstaaten Südafrikas (zum Beispiel Mosambik) – für Importe aus der EU.

Die EU-Produkte haben gegenüber in Südafrika produzierten Waren einen Vorteil: Die Obstkonserven, die Butter, das Fleisch und andere Produkte der gar nicht marktwirtschaftlich arbeitenden europäischen Agrarindustrie sind massiv subventioniert. Mehr als die Hälfte des EU-Haushaltes fließt – übrigens ohne jede Beteiligung des europäischen Parlaments – in Agrarsubventionen, die den globalen Wettbewerb verzerren. Eine Praxis, die in allen entwickelten Ländern des Nordens üblich ist, auch und nicht minder massiv als in der EU in den USA und Kanada. Noch in diesem Jahr, 2002, haben die USA ihre Landwirtschaftssubventionen um 83 Milliarden Euro erhöht, um gut 70 %.

In Paarl hatte die Marktöffnung zu ungleichen Bedingungen Folgen. Es ist zwar gut 10 % teurer, Pfirsichkonserven in Griechenland zu produzieren als in Südafrika. Dazu kommen noch Transportkosten. Aber wegen der EU-Subventionen sind die aus Griechenland importierten Büchsen in Südafrika im Laden trotzdem billiger als die einheimischen. 120 Vollzeit- und 3 000 ›saisonale‹ Arbeitsplätze gingen verloren.

Für die Frauen in Paarl bedeutet der Verlust ihres Einkommens den Verlust ihrer Selbstständigkeit und ihrer eigenständigen Rolle in der Familie. Eine Arbeitslosenversicherung, die das Loch in der Familienkasse zumindest teilweise stopfen könnte, gibt es nicht. Deshalb kann schon bald das Geld für Ratenzahlungen nicht mehr aufgebracht werden. Nach einiger Zeit muss die Familie ihr Haus verlassen und in eine Behelfshütte ziehen. Meist nimmt durch solche Ereignisse die Gewalt in den Familien zu.

Schon heute ist Paarl die Tuberkulose-Hauptstadt Südafrikas. Einen neuen Job zu bekommen, ist für die Frauen aussichtslos. Viele Frauen und Mädchen enden in der Armutsprostitution. Eine Globalisierung, die nicht von Wettbewerb und von gleichen Chancen der Marktteilnehmer geprägt ist, sondern von der Subventionierung der Mächtigeren, hat die Frauen von Paarl weiter vom Wohlstand entfernt.

Das ist kein Plädoyer gegen Welthandel. Es wird immer Güter geben, die global zu handeln Sinn macht. Südfrüchte etwa – was wäre Gesamtdeutschland ohne Bananen. Oder Bauxit. Es ist ökologisch sinnvoll, Bauxit aus Australien nach Island zu schiffen, um dort mit erneuerbaren Energien Aluminium herzustellen. Zur Aluminiumherstellung braucht man extrem viel Energie, sehr viel mehr als zur Erzeugung von Stahl. Island hat hier einen echten wirtschaftlichen und ökologischen Vorteil, denn aufgrund seiner geologischen Beschaffenheit muss das Land die notwendige Energie nicht erzeugen, sondern nutzt die dort reichlich vorhandene Erdwärme. Aber es geht darum, den globalen Wettbewerb zu gleichen Bedingungen stattfinden zu lassen.

Globalisierung zurückfahren oder gestalten?

Welcher globale Austausch ist notwendig und sinnvoll – was dagegen überflüssig und nur durch hohe Subventionen billig? Wie reduziert man mit Marktmechanismen den globalen Güterverkehr auf das Sinnvolle und Notwendige? Wie lassen sich sinnvolle regionale Kreisläufe mit notwendiger internationaler Arbeitsteilung ausbalancieren? Auf welchen Berechnungsmodellen könnte man eine zukunftsfähige Entwicklung für den Weltmarkt aufbauen? Wie unterscheidet man echte komparative Kostenvorteile von künstlich erzeugten?

In der Globalisierungsdebatte werden von den Kritikern zwei unterschiedliche Ansätze verfolgt. Mit Blick auf die verschiedenen Gruppierungen, die sich zu Protesten gegen die WTO-Runde in Seattle zusammenfanden, kann man zu Recht vom »Volk von Seattle« sprechen. Wie in jedem Volk gibt es auch in dieser Widerstandsbewegung unterschiedliche, ja gegensätzliche politische Strömungen, Fraktionen und Parteien. Der Bogen reicht vom Angehörigen der US-Automobilgewerkschaften, die ihre klassische Teilhabe an den – wie Kautsky es nannte – Extraprofiten bei der Ausbeutung der Dritten Welt einklagten, bis zu den Dritte-Welt-Aktivisten und Aktivistinnen, die sich für die Solidarität mit den Aufständischen im mexikanischen Chiapas stark machten.

Da die Globalisierung zur Zeit dem Flexibelsten und Mobilsten zu viel Macht auf Kosten der in mancher Hinsicht engräumig Gebundenen gibt, wollen manche Kritiker die Globalisierung teilweise rückgängig machen.

Das halte ich für aussichtslos, für unmöglich. Maschinen zu erstürmen war auch nicht die richtige Antwort auf den Manchesterkapitalismus. Der damalige Konflikt zwischen Kapitalisten und Proletariat konnte entschärft werden durch den Aufbau von Arbeitsrechten und sozialer Absicherung. Die Globalisierung zurückzuführen würde bedeuten, Einflussmöglichkeiten zugunsten von sozialen und wirtschaftlichen Menschenrechten und von Umweltschutz aufzugeben. Wer die Weltwirtschaft refragmentieren will, muss sich darüber klar sein, dass er damit auch die Politik renationalisieren würde – mit allen krisenhaften Folgen.

Die Probleme einer globalisierten Welt sind nur global zu lösen. Das gilt zunächst und vor allem für die globalen Umweltprobleme. Sie sind das Schlüsselproblem für eine zukunftsfähige Entwicklung des gemeinsamen Wohnhauses.

Wie wollte man 192 Nationalstaaten einzeln dazu bringen, Umweltgifte wie die POP oder Treibhausgase wie die Fluorchlorkohlenwasserstoffe zu verbieten – wenn nicht durch eine globale Initiative? Das Washingtoner Artenschutzabkommen ist seit nun 25 Jahren in Kraft. Es ist der beste Beleg für die Notwendigkeit und den Erfolg globaler Zusammenarbeit. Es hat den Handel mit bedrohten Tieren untersagt und durch Grenzkontrollen extrem erschwert. Viele Arten verdanken diesem Abkommen ihr Überleben, zum Beispiel Krokodile.

Die Globalisierung und die ökologische Herausforderung verlangen einen Vertreter des globalen Gesamtinteresses. Derzeit nehmen internationale Verträge und die Vereinten

Nationen diese Funktion wahr, allerdings bisher mehr schlecht als recht. Nur mit sehr viel mehr Kompetenzen ausgestattete UN-Organisationen (zum Beispiel UNEP, ECOSOC, UNDP, ILO) und ein völkerrechtlich verbindliches Regelwerk könnten die derzeit bestimmende Rolle der internationalen Konzerne, die Dominanz von G8, IWF und WTO einschränken und sie nötigen, umzusteuern, höherer Lebenserwartung der Menschen im Süden und dem Erhalt des globalen Naturerbes Priorität einzuräumen. Sie also dafür zu gewinnen oder dazu zwingen, sich gegenüber ihren eigenen globalen Gesamtinteressen langfristig vernünftiger zu verhalten.

Dieser zweite Ansatz, auf die Globalisierung zu reagieren, ist der durchsetzungsfähigere und auch der zukunftsfähigere gegenüber der nostalgischen Vorstellung eines Zurück in die Zeiten vor der Globalisierung. Doch selbst in jenen Zeiten war nicht alles so regional, wie McDonalds-Gegner versuchen uns glauben zu lassen. So gäbe es die hohe Weinkultur des Bordelais ohne die Kaufleute Bremens und Londons nicht. Sie brauchten für ihre Kunden länger lagerfähigen Wein; die Menschen im Bordelais tranken ursprünglich nur die Ernte des einen Jahres – bis zur nächsten Ernte. Weihrauch- und Gewürzhandel sind sogar noch älter und bezogen ganz Asien und Arabien ein.

GLOBALER TURBOKAPITALISMUS

Der Umsatz von Toyota übersteigt das Bruttosozialprodukt von Norwegen. General Motors schlägt Dänemark. Ford Südafrika. Internationale Konzerne haben Nationalstaaten nicht nur Wirtschaftskraft, sondern vor allem ihre Mobilität voraus. Internationale Unternehmen können – mehr noch als nur national tätige Unternehmen – auf nationale Regierungen erheblichen Druck ausüben. Man sehe die Macht, die etwa Shell in Nigeria hat. Sie erzwingen einen Wettbewerb von Nationalstaaten, von Kommunen um die für sie günstigsten Investitionsbedingungen. Sie können Indonesien gegen Frankreich ausspielen oder die Philippinen gegen Südkorea.

Konkret heißt das im Süden oft: Umwelt- und Lohndumping, Verweigerung des Rechts, sich gewerkschaftlich zu organisieren. Im Norden heißt das oft: Die Kommune muss kostenlose Flächen und eine Verkehrsanbindung bieten. Zu diesen teuren Peanuts kommt dann noch die Befreiung von Steuern für einen bestimmten Zeitraum. Die Arbeitnehmer bringt sich das Unternehmen trotzdem oft mit. Für die lokalen Klein- und Mittelbetriebe kann die Ansiedlung des großen Unternehmens oder des großen Einkaufszentrums tödlich sein.

Der fürs Erste abgewendete Ausverkauf

Dank erheblichem Druck von Nichtregierungsorganisationen und dank spätem, aber gerade noch rechtzeitigem Erwachen einiger europäischer Staaten gelang es 1998, das insbesondere von transnationalen Konzernen gewünschte Multilaterale Investitionsschutzabkommen (MAI) zu verhindern. Die Heimlichkeiten im Vorfeld und das Ausmaß der Planungen rücken das MAI ins Licht einer geplanten feindlichen Übernahme der Nationalstaaten durch internationale Konzerne.

Das MAI sah ein absolutes Niederlassungsrecht für ausländische Investoren vor. Es sollte nationalen Regierungen verbieten, einheimische Investoren bevorzugt zu behandeln.

Für die einheimische Wirtschaft in Entwicklungsländern hätte dies das Ende bedeutet – und auch für viele kleine und mittlere Unternehmen im Norden. Ökologisch oder sozial orientierte Wirtschaftspolitik wäre nicht mehr möglich gewesen. Investoren sollten vom Nationalstaat auch entschädigt werden, wenn ihre Profite durch Umweltsteuern, Arbeits- oder Konsumentenschutzbestimmungen geschmälert worden wären. Investoren sollten das Recht bekommen, Staaten auf solcherart entgangenen Profit zu verklagen. Besonders fatal waren die Stand-still- und die Roll-back-Klauseln, nach der keine neuen ökologischen oder sozialen, arbeitsrechtlichen Standards hätten eingeführt werden können. Bestehende hätte man zurückführen müssen.

Sowohl der Süden als auch der Norden brauchen aber dringend international verbindliche Mindeststandards für Verträge transnationaler Konzerne mit Staaten. Zum Schutz der Weltumwelt brauchen wir außerdem auf der UN-Ebene ein mit Kompetenzen ausgestattetes und initiativ tätiges Gremium, das solche internationalen Verträge auf Fairness prüft und gegebenenfalls den Vertrag für ungültig erklären kann. Eine solche Prüfstelle für ökologische und soziale Verträglichkeit und für Fairness sollte nicht automatisch bei der WTO, sondern in einem völkerrechtlichen Gremium angesiedelt sein, das dem Erhalt der Umwelt, der Lebensgrundlage der Menschen, Priorität einräumt.

Globalisierungsverlierer

Globalisierungsverlierer sind vor allem schlecht ausgebildete Menschen, die keine ausreichend bezahlte Arbeit finden. Menschen, die nicht mobil sind, weil sie für Kinder oder Angehörige sorgen müssen. Menschen, die nicht mobil sein wollen, die sich weigern, zu modernen Arbeitsnomaden zu werden. Globalisierungsverlierer sind auch Menschen ohne Fremdsprachen- und Computerkenntnisse.

In meiner Nachbarschaft in Berlin-Pankow stehen täglich gut 300 Menschen im Franziskanerkloster in der Wollankstraße an, um wenigstens einmal am Tag eine warme Mahlzeit zu haben. Es gibt in Deutschland wieder Suppenküchen. Das ist Armut in einem reichen Land.

Doch das ist nur der krasseste Ausdruck von Armut in einem reichen Land. Viele Menschen arbeiten in mehreren Jobs – und haben doch kaum genug zum Leben und auch keine Altersversorgung. 45 Millionen Amerikaner können sich keine Krankenversicherung leisten und sind damit ständig dem Risiko ausgesetzt, durch eine Krankheit oder einen Unfall Einkommen und Wohnung zu verlieren. Auf der Straße zu sitzen. Unzählige Menschen in den USA leben in einer Wohnung ohne Küche. Eine Mikrowelle ist für sie ein echter Fortschritt, weil sie sonst jede Mahlzeit in einer der Junkfood-Ketten einnehmen müssen.

Es gibt eine Entwicklungshilfeorganisation, Eirene, die primär im Tschad, in Niger und in Nicaragua arbeitet – aber auch in Belfast und in Harlem. Genauso wie sich global eine Oberschicht entwickelt, entsteht eine globale Schicht von Globalisierungsverlierern.

Sie wenden sogar ähnliche Methoden an, um ihr Leben zu managen. Tauschringe sind ein Versuch Betroffener, trotz ihrer desolaten Situation die Selbstbestimmung über ihr Leben in der Hand zu behalten. Selbst geschaffene Alternativwährungen, die bei einer Bank gar keinen Wert hätten, sind bereits erfolgreich im Einsatz – Landbewohner tauschen Naturalien gegen Kleidung, gegen Treibstoff usw. Diese alternativen Wirtschaftskreisläufe sind der Spiegel der Fragmentierung der Gesellschaft in solche, die an der globalen Wirtschaft aktiv teilnehmen, und solche, deren Bewegungsradius immer kleiner wird.

Die Kapitalmarktfixiertheit der 90er Jahre verführt Unternehmen immer wieder zu Rationalisierungen um jeden Preis. Da Umweltzerstörung bisher billig bis kostenlos ist und wenig Einsparvolumen ergibt, sind Entlassungen, Schließungen und Firmenverlegungen die erste Folge. Arbeit wird wie in der Frühen Neuzeit wieder »verlegt« – in Leiharbeitsfirmen hier, in Heimarbeit und Cottages in Ländern des Südens. Billigjobs und zeitlich befristete Tätigkeiten treten an die Stelle von Arbeitsplätzen mit Perspektive.

Besonders problematisch ist die Zunahme der Kinderarbeit. In allererster Linie, weil sie den Kindern selbst schadet, ihr Recht auf Kindheit verletzt. Kinderarbeit führt außerdem zu Lohndumping und dazu, dass die Eltern der Kinder noch schlechter einen Job bekommen. Sie schadet auch der Wirtschaft, weil Kinder, die arbeiten, keine oder keine ausreichend gute Ausbildung bekommen und damit kaum innovative Fachkräfte werden.

Ein anderer Schandfleck sind die so genannten freien Exportzonen, in denen vor allem Frauen zu niedrigen Löhnen und ohne soziale Absicherung für internationale Konzerne arbeiten. Manche Fabriken sperren ihre Arbeitnehmerinnen sogar ein. Über solche Fabriken insbesondere in Lateinamerika und China ist viel geschrieben worden.

Man hat den Eindruck, es gäbe solche Arbeitsbedingungen nur dort, auf eng begrenztem, definiertem Raum. Aber unter welchen Bedingungen arbeiten Bauarbeiter aus Osteuropa in Berlin? Pflücker aus Osteuropa bei der Spargelernte in Deutschland? Wer sichert die Gesundheitsstandards polnischer Obstpflücker im Alten Land bei Stade, wo bei einer Kontrolle offenbar wurde, dass ein Großteil der Obstbauernbetriebe verbotene Pflanzenschutzmittel eingesetzt hatte?

Armut heißt Rechtlosigkeit

Was Armut wirklich bedeutet, verbergen die landläufigen Definitionen, nach denen zum Beispiel arm sei, wer weniger als einen Dollar pro Tag habe. Mohamed Yunus, der Gründer der Grameen-Bank, der Bank der Armen in Bangladesh, beschreibt das Phänomen Armut sehr viel treffender als die Weltbank: Armut mache es einem Menschen unmöglich, sein Schicksal selbst zu gestalten. Armut sei weder von den Armen geschaffen, noch seien die Armen der Grund für das Fortbestehen von Armut. Sondern es sei das bestehende System von Politiken und Institutionen, das Armut schaffe und erhalte. Armut sei eine Verweigerung der Menschenrechte – und eine Schande für die gesamte Menschheit.

In Südafrika, dem Gastgeberland des Weltgipfels in diesem Jahr, sagen Arme: Armut ist die Scham von Müttern, ihren Kindern nicht genug zu essen geben zu können, und die Scham von Vätern, keine Arbeit zu finden.

Armut ist Rechtlosigkeit. Armut heißt, völlig den Zufällen des nächsten Tages ausgesetzt zu sein.

Reisefreiheit – das Privileg der globalen Oberschicht

Wir Deutschen haben uns daran gewöhnt, fast überallhin reisen zu können. Die meisten Länder verlangen von uns kein oder nur der Form halber ein Visum. Seit dem Schengen-Abkommen braucht man nicht mal mehr einen Pass vorzuzeigen. Viele studieren und arbeiten ein oder mehrere Jahre im Ausland. Die Welt hat sich uns geöffnet.

Wir Deutschen sind umgekehrt nicht ganz so schnell. Erst die rot-grüne Regierung hat mit der Lebenslüge der Konservativen aufgeräumt und sich dazu bekannt: Deutschland ist ein Einwanderungsland. Das neue Staatsangehörigkeitsrecht macht Schluss mit dem archaischen Brauch, Deutschsein an die biologische Abstammung zu knüpfen. Statt des Blutrechts ist nun der Wohnort bei der Geburt ausschlaggebend. Wir haben außerdem ein neues Zuwanderungsrecht geschaffen und eine Greencard für Computerspezialisten und -spezialistinnen eingeführt. Inzwischen wirbt selbst die bayerische Staatsregierung Pflegekräfte im Ausland an.

Es gibt aber keine Greencard für afrikanische Landarbeiter. Wenn Arme migrieren, werden sie illegalisiert: Arme bekommen oft keinen Reisepass. Menschen, die im Verdacht stehen, arm zu sein, haben Probleme, ein Visum zu erhalten – selbst wenn sie Verwandte hier in Deutschland haben, die für sie bürgen. Man betrachtet sie als potenzielle Wirtschaftsflüchtlinge.

Doch aller Abschottung zum Trotz gibt es Armutswanderung vom Süden in den Norden – und vielfach wird sie geduldet. Ohne sie würden im Norden bestimmte Branchen zusammenbrechen. Ohne illegalisierte Arbeiter und Arbeiterinnen gäbe es keinen Obstbau in Kalifornien und viel Hausarbeit, nicht nur in US-Haushalten, bliebe unerledigt. Die Illegalisierung von Armutswanderung erleichtert im Norden Lohndrückerei und Ausbeutung. Wer sich dagegen wehrt, hat keine Chance, seine Rechte einzuklagen. Ihm droht die Abschiebung.

Gebildeten der globalen Oberschicht dagegen steht die Welt offen: Etwa 30 000 promovierte Afrikaner leben außerhalb ihres Kontinents. Globalisierung heißt auch Braindrain in den Norden. In Afrika findet man unter 10 000 Menschen nur einen Wissenschaftler und einen Ingenieur. In Eritrea kommt auf 25 000 Menschen ein Arzt und auf 11 500 eine Krankenschwester.

Die Globalisierung der Wirtschaft, die Globalisierung der Finanzmärkte und Unternehmen wird flankiert von einer

Globalisierung der Armut und einer Illegalisierung der migrierenden Armen.

Elendsregionen und Menschenhandel

Die ökologisch und sozial nicht gestaltete Globalisierung schafft Regionen ohne Zukunft. Das sind Gebiete, die keine moderne Infrastruktur haben oder keine Arbeitsplätze mehr bieten. Verarmung und in der Folge oft auch Verelendung schreiten voran. Irgendwann zählt in solchen Regionen ein Menschenleben nichts mehr. Ein Mädchen wird für ein Maultier oder ein Wellblechdach verschachert.

Die völlige Perspektivlosigkeit in ganzen Regionen hat zu Menschenhandel in einem Ausmaß geführt, wie es ihn seit dem Ende des US-amerikanischen Sklavenhandels im 19. Jahrhundert wohl nicht mehr gegeben hat. UNDP geht davon aus, dass Menschenschmuggler pro Jahr 4 Millionen Kunden haben und 7 Milliarden Dollar einnehmen. Die Enquete des Bundestages zur Globalisierung schätzt die jährlichen Einnahmen aus Sklaverei auf 13 Milliarden Dollar. – 13 Milliarden Dollar, das ist etwa ein Viertel der Entwicklungshilfe aller Staaten weltweit.

Wasser ist keine normale Handelsware

Wasser- und Energiepolitik gehören zu den Hauptthemen des Weltgipfels in Johannesburg. Es sind Schlüsselfragen für eine gerechte, zukunftsfähige Entwicklung.

Süßwasser ist ein sehr begrenzt vorhandenes Lebensmittel. Kein Mensch kann ohne Süßwasser leben. Trinkwasser ist ein öffentliches Gut und unersetzbar wie die Luft zum Atmen. Die quantitativ ausreichende Versorgung der

Bürger mit qualitativ hochwertigem Wasser ist eine öffentliche Daseinsfürsorge.

Gerade im Bereich der Versorgung mit Wasser haben große internationale Unternehmen massive Interessen. Sie erhoffen sich von einer Privatisierung und Liberalisierung ein gutes Geschäft. Einerseits haben Länder des Südens Hoffnungen auf solch private Investitionen. Andererseits fürchten viele Länder vor allem die Liberalisierung in der Wasserwirtschaft: Konzerne könnten sich in Versorgungssysteme einkaufen und aus wirtschaftlichem Interesse Verbraucherpreise einführen, die arme Familien nicht mehr zahlen können. Zur Zeit werden hoch verschuldete arme Länder jedoch von IWF und Weltbank gezwungen, die Wasserversorgungsbetriebe an private Unternehmer abzutreten.

Durch die Privatisierung entsteht im Wassersektor häufig nicht mehr Wettbewerb, sondern ein öffentliches – häufig korruptes – Gebietsmonopol wird durch ein privatwirtschaftliches – häufig nicht minder korruptes – Gebietsmonopol abgelöst.

Bei der Wasseraufbereitung und -verteilung machen die Fixkosten den weitaus größten Teil der Gesamtkosten aus. Daher haben private Betreiber ein großes Interesse an möglichst hohem Verbrauch. Sie haben weder Interesse am Wassersparen, noch am teuren Aufbau einer Wasserversorgung im ländlichen Raum, wie sie zum Beispiel über Solarbrunnen machbar wäre. Die Konsequenz: In Afrika ist – trotz aller Privatisierung – der Anteil der Bevölkerung, der einen Wasseranschluss hat, in den vergangenen zehn Jahren nur um 1 % gestiegen.

Vertragsbedingungen

Wie sieht solches privatwirtschaftliches Engagement in der Wasserwirtschaft des Südens konkret aus? Beispiel Guinea:

Das Land privatisierte Ende der 80er Jahre auf Druck der Weltbank und handelte dabei einen vergleichsweise guten Vertrag aus. Das Wasserversorgungsnetz sollte in öffentlicher Hand bleiben. Der Staat bekam einen Weltbankkredit, um das marode Netz auszubauen und zu reparieren. Ein Konsortium unter der Führung des französischen Wasserkonzerns Vivendi sollte die Wasserversorgung betreiben. Es gelang auch rasch, die Wasserqualität zu verbessern. Innerhalb von sieben Jahren stieg der Anteil der ans Netz angeschlossenen Bevölkerung in den Städten von 38 auf 47 %. Das war ein enormer Erfolg. Die Wartung wurde beschleunigt, der Einbau von Wasserzählern ermöglichte es, tatsächlichen Verbrauch zu berechnen und das Entgelt zu kassieren.

Allerdings stiegen die Preise so sehr, dass sie selbst für Wohlhabende schwer zu bezahlen waren. Wer nicht zahlte, dem wurde der Anschluss gesperrt. Da insbesondere Behörden und staatliche Stellen ihre Rechnungen nicht zahlten, hielt sich das Konsortium am staatlichen Wasserunternehmen schadlos und zahlte dessen Gewinnbeteiligung einfach nicht aus. Außerdem machte das Konsortium den Einkommensverlust wett, indem es allen Abnehmern einen noch höheren Preis abverlangte. Die guineische Seite hatte keinen Einblick in Kalkulation und Auftragsvergabe des Konsortiums.

In Johannesburg begingen die Gewerkschaften im vergangenen Jahr den Tag des Wassers, den 22. März, als Tag der Trauer, weil sich nur noch die Reichen Wasser leisten konnten.

Dies soll nicht als Plädoyer missverstanden werden, Wasser zum Nulltarif zur Verfügung zu stellen. Es ist nicht sozial, Wasser umsonst abzugeben. Eine kostenlose Ressource ruft sofort mächtigere Nachfrager auf den Plan als die örtliche Bevölkerung im Süden. Die wasserverschwendende Blumenzucht in Kenia, die dabei ist, das Einzugsgebiet des riesigen Lake Naivasha trockenzulegen, hat sich gerade in diesem Land angesiedelt, weil europäische Blumenzüchter dort das Wasser umsonst bekommen.

Wasserversorgung und Geschlechtergerechtigkeit

Für die Menschen in abseits der Straße gelegenen Dörfern des Südens, insbesondere für die Frauen und Mädchen bleibt der demütigende Zustand erhalten, dass sie ein Drittel ihrer Lebenszeit damit verbringen, auf dem eigenen Rücken einen 20-Liter-Wasserkanister über weite Strecken nach Hause zu schleppen. Acht- oder zehnjährige Mädchen haben bereits Rückgratschädigungen.

Muss das Wasser im Kanister über eine weite Strecke getragen werden und ist deshalb nur ein Gang am Tag möglich, hat in einer fünfköpfigen Familie jeder drei Liter am Tag. In vielen Gebieten Eritreas ist das normaler Alltag. Wegen des Wassermangels sind Hautkrankheiten an der Tagesordnung. Die Kindersterblichkeit ist hoch. In Deutschland haben wir einen Pro-Kopf-Tagesverbrauch von 130 Litern, in Ostdeutschland von 110 Litern.

Viele Töchter in Afrika haben, weil Wasser- und Brennholzholen traditionell reine Frauenarbeit ist, keine Kraft und keine Zeit, zur Schule zu gehen. So dass sich das frauenspezifische Armutsproblem in die nächste Generation fortsetzt. Gleichberechtigung ist in vielen ländlichen Regionen des Südens erst dann zu erreichen, wenn es eine bessere Wasser- und Energieversorgung gibt. Jedenfalls für arme Menschen auf dem Land.

Wasserversorgung ist eine Schlüsselfrage für globale Gerechtigkeit – und für die Gerechtigkeit zwischen den Geschlechtern.

Viele Küsten Südamerikas sind durch Mangrovenwälder geprägt. Zwischen den Wurzeln der Mangroven mischen sich Süß- und Salzwasser und bieten einer ebenso einzigartigen wie ausdifferenzierten Pflanzen- und Tierwelt einen Lebensraum. Mangroven schaffen dadurch auch die Lebensgrundlage für ungezählte Menschen. Mangroven bieten außerdem Schutz vor Sturmfluten und Überschwemmungen.

Ekuador hat ungefähr 70 % seiner Mangrovenwälder und der damit verbundenen Ökosysteme verloren. Ekuador ist einer der drei größten Shrimpsproduzenten weltweit. Shrimps sind – nach Erdöl und Bananen – das drittwichtigste Exportprodukt Ekuadors. Fünf der sechs besonders durch Hochwasser und Sturmfluten gefährdeten Küstenabschnitte sind sehr stark von der Krabbenindustrie geprägt. Die Mangroven wurden vernichtet. Auch die dahinter liegenden Ackerflächen sind inzwischen in die Krabbenindustrie mit einbezogen. Manche Firmen haben 4–5 000 Hektar abgeholzt.

Die Monokulturen sind mit mindestens 200 000 Tieren pro Hektar besetzt. Bei traditioneller Produktion sind es 25 000 pro Hektar. Die Produktivität beträgt 5–20 Tonnen pro Hektar. Bei traditioneller Shrimpszucht liegt der Ertrag bei einer halben Tonne. Der Preis für die verzehnfachte Produktivität ist hoch. In der industriellen Produktion müssen diverse Chemikalien gegen Krankheiten eingesetzt werden, wenn die Tiere überleben sollen. Beispielsweise das Antibiotikum Chloramphenicol, das einzige wirksame Medikament gegen Cholera. Die Abwässer der Krabbenkulturen gelangen in die Flüsse und ins Trinkwasser. Die Menschen in der Küstenregion nehmen dadurch täglich eine kleine Menge Chloramphenicol zu sich. Bräche die Cholera aus, wären ihr diese Menschen durch die jahrelange Gewöhnung an das einzige Gegenmittel völlig wehrlos ausgesetzt.

Die intensivierte Produktion zerstört die Lebensgrundlage von Mensch, Tier und Pflanze. Ein Hektar Mangrovenwald hatte noch zehn Familien ernährt. Aber dort, wo jetzt Zuchtbecken sind, können die Menschen keine Muscheln und Krebse mehr sammeln oder Fische fangen. Sie haben keinen Zugang mehr zum Wasser. Beim Versuch, über das Gebiet der Shrimpsfarmen zum Meer zu gelangen, wurden in Ekuador schon etliche Menschen durch Schüsse verletzt oder getötet.

Eine 120 Hektar große Shrimpsfarm ernährt nur einen Besitzer und vier Angestellte – für eine eng begrenzte Zeit. Die Zuchtbecken können nur einige Jahre genutzt werden, danach ist die Verseuchung mit Chemikalien derart groß, dass die Tiere nicht mehr überleben. Die Firmen ziehen weiter und hinterlassen giftiges Ödland, das keinen Schutz gegen Hochwasserkatastrophen mehr bietet. Ja schlimmer noch: Bei Hochwasser wird das Gift auf die Felder des Festlands geschwemmt.

Die Konsuminteressen des Nordens und die Gewinninteressen der Oberschicht des Südens ergänzen sich gegenseitig. Sie zerstören wichtige Ökosysteme und schon mittelfristig die Grundlage der eigenen Produktion.

Der Hunger des Nordens

Die Meere werden leer gefischt. Wo früher Hering gefangen wurde, gehen europäische Fischer heute auf ›Gammelfang‹. Es kommt alles in die Netze, was zu kriegen ist, ob Hering, Flunder oder Schweinswal. Der Gammel wird zu Fischmehl und Fischöl verarbeitet und vor allem in Geflügel- und Lachsfarmen verfüttert.

Die europäischen Fischflotten haben die europäischen Gewässer weit gehend leer gefischt. Ohne Fischereiabkommen mit den AKP-Staaten müsste Europa ein Viertel seines Fischverbrauchs importieren. Etliche Fischerei-Unternehmen müssten aufgeben. 15000 Arbeitsplätze gingen verloren, das würde, so die EU-Kommission, etwa 300 Millionen Euro Sozialausgaben nach sich ziehen. Die Kosten für die Fischereiabkommen, also für das Recht, mit großen Flotten zum Beispiel vor der Küste Westafrikas zu fischen, sind sehr viel geringer: 200 Millionen Euro. Davon werden sogar nur 20% von den Nutznießern, den Flotteneignern, bezahlt. 80% dieser Kosten werden vom Steuerzahler aufgebracht, das heißt der Steuerzahler subventioniert den Raubbau im Meer vor Westafrika.

Westafrikanische Staaten erhalten dafür eine Entschädigung. Aber was kommt davon bei den Fischern an der Küste an? Für sie lohnt sich der Fischfang nun kaum noch. Auch der lokalen Fischverarbeitung fehlt zunehmend der Rohstoff. Die Arbeitsplätze, die mit hohen Subventionen im Norden erhalten werden, kosten ein Vielfaches an Arbeitsplätzen im Süden. Die Familien schließlich verlieren mit dem Fisch das bezahlbare proteinhaltige Nahrungsmittel des lokalen Marktes.

Für die Natur hat die Globalisierung der Fischerei bisher nur den Charakter von Raubbau. Die Fischbestände werden radargestützt ausgebeutet, so dass Fische keine Rückzugsgebiete mehr haben. Die Bestände können sich nicht mehr regenerieren.

In West-Indien müssen die Felder für den Eigenbedarf Plantagen für Blumen und Erdbeeren weichen, die Weizenfelder im Pundjab Tomaten für Ketchup, in Karnataka verdrängen Sonnenblumen für den Export die Reis- und Hirsefelder der Familien, und in Maharashtra sind es Blumen und Früchte. Felder werden, ebenso wie in Afrika, für den

Anbau von Mais genutzt, der in Europa an Vieh verfüttert wird. Die Bauern haben allenfalls noch Arbeit als Vertragsproduzenten großer Nahrungskonzerne. Die Familien verlieren ihre Nahrungssicherheit und werden abhängig von Getreide, das auf dem Weltmarkt gehandelt wird. In Indien leben mehr absolut arme Menschen (als »absolut arm« gilt, wer weniger als einen Dollar pro Tag hat) als in allen Ländern Schwarzafrikas, trotzdem exportiert Indien mehr und mehr Agrarprodukte. Gleichzeitig stiegen die Lebensmittelpreise im Land um mehr als 60 %. Die indische Wissenschaftlerin Vandana Shiva hat festgestellt, dass der Preisanstieg sofort zu geringerem Pro-Kopf-Verbrauch führte.

Wirtschaften mit Scheuklappen

Der globale Bestand von Naturwäldern verringert sich jedes Jahr fast um die halbe Fläche Deutschlands. Bäume werden heute zehnmal schneller gefällt als sie nachwachsen.

Ökosysteme werden verdrängt durch Monokulturen für den Export. Plantagen können aber sehr viel weniger Funktionen wahrnehmen als das ursprüngliche Ökosystem, das Futter und Arzneipflanzen bot, Beeren, Samen und Obst, Holz, um kochen zu können, Schatten und diverse Kleintiere, die man jagen konnte. Die Plantagen bieten keinen Schutz vor der Erosion des Bodens, vor Stürmen, vor Überschwemmung. Man kann sich darin auch nicht erholen. Sie bilden keinen eigenen Nährstoffkreislauf und keinen guten Boden, sie bieten keine genetische Vielfalt, sie tragen nicht bei zur Regulierung des Wasserkreislaufs und zur Regulierung des Klimas. Sie bieten nur einen einzigen Rohstoff, der vermarktet werden kann: entweder Mangos oder Apfelsinen oder Palmöl oder Holz oder Weihnachtsbäume.

Ein Grund für die durch Globalisierung zunehmende Naturzerstörung ist eine Sichtweise, wonach jedes Produkt einen Nutzen habe und die Natur eine Summe dieser Einzelteile sei. Es fehlt das Verständnis dafür, dass sich in der Natur verschiedene Arten und Phänomene in ihrer Wirkung potenzieren können.

Besonders deutlich zeigt sich das bei der Intensivlandwirtschaft. Sie setzt ausschließlich auf Ertrag. Artenerhalt und Gewässerschutz sind bisher kein Thema. Die Felder sollen möglichst rationell bewirtschaftet werden, deshalb werden relativ artenreiche Flächen aus traditioneller Nutzung für große Maschinen nutzbar gemacht. Die Landschaft wird ausgeräumt. Die Zahl der angebauten Arten wird sehr stark auf besonders ertragreiche reduziert. Das erfordert mehr Dünger und Schädlingsbekämpfungsmittel. Beide zerstören Grundwasser und Boden. Trotzdem hat sich ihr Einsatz in den vergangenen Jahren ungefähr verzehnfacht. Durch Bewässerung besonders beim Baumwollanbau versalzt der Boden. Den Flüssen wird für Landwirtschaft und Industrie so viel Wasser entnommen, dass die Seen in anderen Regionen ihre alte ökologische Funktion nicht mehr erfüllen können. Der Aralsee ist kein Einzelfall, sondern nur das bekannteste Beispiel.

So ist der Wasserspiegel des Toten Meeres in den vergangenen 30 Jahren um 25 Meter gesunken. Statt 75 Kilometer ist der See nur noch 55 Kilometer lang. Dem Jordan wird zu viel Wasser entnommen, 70 % allein für die Landwirtschaft, die für Israel wirtschaftlich vergleichsweise unbedeutend ist. Sie trägt weniger als 10 % zum Bruttosozialprodukt bei. Ein einzigartiges Ökosystem geht verloren.

Nicht nur die Produktmengen und die Produktionsarten zerstören die Natur, sondern zunehmend auch der Transport der produzierten Güter. Die Globalisierung hat zu einer enormen Ausweitung des Verkehrs geführt, der Treibstoff verbraucht und CO_2 freisetzt. Der Verkehr wächst schneller als die Weltwirtschaft.

Solange Arbeit teuer ist, Umweltverbrauch aber billig, gibt es irrwitzige Transporte, um Arbeitskosten zu sparen. Krabben werden von Büsum nach Marokko gebracht, um sie dort zu pulen – und dann wieder zurück. In Büsum werden sie weiterverkauft. Der zur Melodie von *Oh Carol* zu singende Torfrock-Schlager »Carola ich heb ju in de Köck Krabben pulen sehen« müsste heute von Platt auf Arabisch umgedichtet werden.

In Mecklenburg-Vorpommern werden Ferkel gezüchtet, dann nach Südoldenburg gebracht zum Mästen, dann treten sie die Reise über die Alpen an, um dort verarbeitet zu werden – damit sie schließlich als original italienischer Parmaschinken wieder zurück über die Alpen gekarrt und in Berlin und München auf türkischen Melonen gegessen werden können.

Klimawandel

Die Weltwirtschaft hat die weltweite Nutzung fossiler Energien ermöglicht, und das Erdölzeitalter wiederum hat wesentlich dazu beigetragen, den Globus zu einem runden Marktplatz zu machen. Damit wurde aber zugleich der Klimawandel enorm beschleunigt, der schon jetzt zu großem Naturverlust führt. Beispielsweise durch Trockenheit und Waldbrände. In anderen Gebieten mit zunehmendem Regen wird bei Überschwemmungen Boden mitgerissen, kostbarer Lebensraum für Tiere und Pflanzen.

Das Intergovernmental Panel on Climate Change (IPCC) hat Anfang 2001 seine Prognose nach oben korrigiert. Es rechnet jetzt mit einem Anstieg der Temperatur von 1990 bis 2100 von 1,4 auf 5,8 Grad Celsius (bisherige Erwartung: 1 bis 3,5). Der Meeresspiegel wird nach Meinung der renommierten Amerikanischen Gesellschaft zur Förderung der Wissenschaften (AAAS) in Boston vom Februar 2002 sogar noch stärker steigen, als vom IPCC angenommen. Denn die Eisschmelze der Gletscher und Polkappen hat sich seit 1988 mehr als verdoppelt.

Klimazonen werden sich verschieben, die ohnehin benachteiligten Länder werden noch mehr Dürren, Ernteausfälle und noch größere Wasserknappheit haben. Es gibt mehr Menschen, die durch den Klimawandel Schaden erleiden, als solche, die durch ihn gewinnen. Opfer sind vor allem Menschen in armen Ländern, die das Problem nicht verursacht haben.

Forscher vermuten, einige Verursacherregionen könnten möglicherweise von den Folgen des Klimawandels profitieren. Ich halte das allerdings für wenig wahrscheinlich, denn die Unbeständigkeit des Klimas, die Zunahme von Orkanen, aber auch die vom Klimawandel ausgelösten Wanderungsbewegungen werden kaum eine Region unberührt lassen. Die Weltumwelt ist ein Kosmos und zu klein, als dass es natürliche Schutzräume geben könnte. Die gesamte Weltumwelt liegt unter einer Atmosphäre. Die Veränderungen werden nur unterschiedlich gravierend und lebensbedrohlich sein. Ich möchte hier lieber José Lutzenberger, den früheren Umweltminister Brasiliens, zitieren: »Was nützt schönes Strandwetter auf Spitzbergen, wenn Milliarden Menschen verhungern.«

Die meisten Forscher gehen derzeit von einer dauerhaf

ten Erwärmung aus. Schon das allein hat fatale Folgen. Eine plötzliche und progressive Erwärmung greift sehr konkret in das Leben von Tieren und Pflanzen ein. Was ist zum Beispiel die Konsequenz, wenn küstennahe Feuchtgebiete überschwemmt werden? Vögel, vor allem viele Zugvögel, verlieren ihre Brut- und Rastplätze.

Manche Tiere spüren den Klimawandel schon jetzt. Eisbären haben aufgrund des Treibhauseffekts bereits erhebliche Probleme, sich die für sie überlebenswichtige Fettschicht anzufressen: Wenn das Packeis ausbleibt, können sie ihre Jagdgebiete für Robben nicht mehr erreichen. Inuit haben das gleiche Problem. Schon heute ändern die Karibus ihre Wanderwege und sind dadurch für die Inuit immer schlechter zu jagen. Auch der Regen, der nun im Winter fällt, behindert sie bei der Jagd. Insekten, die früher nie in der Arktis auftraten, quälen dort heute schon die Menschen. Der Permafrostboden taut auf, die Folge ist Bodenerosion.

Auch bei uns sind die Folgen zu beobachten. Wird es zu früh warm, ist die Pflanze, auf der ein Falter seine Eier abgelegt hat, bereits abgestorben, wenn die Raupen schlüpfen und die Pflanze als Nahrung bräuchten. Schon heute blühen Pflanzen, laichen Frösche zu früh, so dass der Nachwuchs erfriert oder verhungert.

Der Klimawandel wird dazu führen, dass in manchen Regionen Dürren und Brände noch häufiger werden. Arten, die nur in kleinen Gebieten vorkommen, sterben aus. Die Zahlen über das Artensterben sind schon jetzt alarmierend: Pro Jahr gehen etwa 1000 Arten verloren. Der Klimawandel hat aber gerade erst begonnen. Manche Wissenschaftler fürchten, ein ähnlich großes Artensterben wie bei der bisher letzten Eiszeit vor 65 Millionen Jahren drohe nun durch den vor allem von Menschen gemachten Klimawandel.

Hohe Hürden

Das Tempo der Erwärmung schafft für viele Arten unüberwindbare Probleme. Ein Eichenwald etwa, der an eine bestimmte Temperatur gewöhnt ist, kann sich nicht mal eben 100 Kilometer nach Norden in eine kühlere Region verlagern. Denn die Eicheln, die Samen, werden von Vögeln transportiert. Die fressen und leben aber in der Nähe des Baums. Weshalb sollten sie 100 Kilometer weit fliegen, um dort den Samen fallen zu lassen? Also kann ein Wald nur ganz langsam wandern, ein paar Meter in zehn Jahren. Der Aufwuchs der jungen Bäume dauert noch sehr viel länger. Mit dem Tempo des Klimawandels kann ein Wald daher unmöglich mithalten.

Die Tiere und Pflanzen, die auf die Nahrungs-, Licht- und Bodenverhältnisse dieses Eichenwaldes angewiesen sind, können wiederum die Eichen nicht verlassen. Denn sie sind ihre Lebensgrundlage.

Der Klimawandel potenziert aber nur ein ohnehin bestehendes Problem. Ein Wald ist in unserer modernen Welt wie eine Insel im Meer. Landwirtschaft und Siedlungen haben die Natur zerschnitten und auf kleine, nicht verbundene Parzellen reduziert. Hinzu kommt die Globalisierung. Sie braucht immer mehr Verkehrswege – Straßen, Schienen, Kanäle, betonierte Flughäfen. Globalisierung in ihrer jetzigen Form zieht wiederum Zentralisierung nach sich: also große Städte. Dort können zwar einige Tierarten überleben, aber vom Naturraum Stadt möchte ich trotzdem nicht sprechen, nur weil Füchse und Marder es schaffen, selbst in Stadtbezirken mit wenig Grün, wie zum Beispiel im Prenzlauer Berg (Berlin), zu überleben. Nicht nur Fledermäuse, selbst Spatzen haben es in unseren versiegelten Stadtvierteln schwer.

Weil Naturräume zu immer kleineren Parzellen werden,

können Populationen sich nicht mehr austauschen. Sie können auch nicht mehr fliehen. Der Panda, das Logo des World Wildlife Fund, wird als Wildtier aussterben. Er lebt in der Natur fast nur von Bambus. Die Bambuswälder in China sind aber nicht mehr vernetzt. Bambus blüht nach 50 Jahren, danach sterben die alten Pflanzen ab. Früher ging der Panda dann in einen anderen Bambuswald – heute kommt er nicht mehr dorthin und verhungert deshalb. China verdient Millionen mit Pandas, die in chinesischen Zoos gezüchtet werden. Der Zoo in San Diego zahlt 1 Millionen Dollar für die einjährige Ausleihe eines vermutlich gebärfähigen Pandaweibchens. Im Berliner Zoo versucht man verzweifelt, die beiden Pandabären zu einer Zeugung zu bewegen – bis hin zur künstlichen Besamung der Bärin Yab Yan. Dringend notwendig wäre es, dieses Geld in einen Verbund von Bambuswäldern zu stecken.

Auch bei uns sind Wälder und Seen auf allen Seiten durch Straßen, Siedlungen und große landwirtschaftlich genutzte Felder begrenzt, die Flora und Fauna keine Nahrung, kein Versteck und keinen Boden bieten, um dort Fuß zu fassen. Im Gegenteil. Die Zunahme von Verkehrswegen und von großflächig monotonen Nutzungsgebieten reduziert die Natur für Pflanzen- und Tierarten zu immer kleineren Oasen, die zwischen immer unüberwindlicheren Wüsten liegen. Europa will dem Artensterben mit »Natura 2000« entgegenwirken und Deutschland insbesondere mit dem Biotopverbund und der Verpflichtung zur guten fachlichen Praxis (Novelle des Bundesnaturschutzgesetzes von 2002).

Wir brauchen solche Zielsetzungen und Projekte aber global. Staaten müssen im Habitat- und Artenschutz zusammenarbeiten, wie zum Beispiel Südafrika und Mosambik, die jetzt mit dem Peace-Park einen zusammenhängenden Nationalpark von der doppelten Größe des Krüger-Parks schaffen.

Zugvögel etwa haben nur eine Überlebenschance, wenn sie durch internationale Zusammenarbeit geschützt werden. Beispiel: der Knutt, ein 26 Zentimeter kleiner Schnepfenvogel, der in Island, Alaska und Sibirien brütet und am Mittelmeer und in Westafrika sein Winterquartier hat. Wenn wir Deutschen nicht mit einem Verbot der Herzmuschelfischerei dafür sorgen, dass der Knutt im September auf seinem Flug nach Afrika im ostfriesischen Wattenmeer auch in Zukunft genug zu fressen findet, dann würde er den Flug nicht mehr schaffen und bald aussterben. Auch wenn Naturschützer im hohen Norden und in Westafrika Brut- und Überwinterungsplätze für ihn bereithalten.

Nutzungskonflikte zwischen Mensch und Tier

Der Mensch nimmt Tier und Pflanze einerseits immer mehr Gebiete weg. Andererseits wollen wir bedrohte Tiere erhalten und ihren Bestand stärken. Das ist in Deutschland beispielsweise bei Kranichen und Kormoranen gelungen. Daraus entstehen nun Nutzungskonflikte. So lamentieren an der norddeutschen Küste Fischer, die Kormorane würden ihnen die Fische wegfressen.

Oder Kraniche! Die mögen fette Kröten. Da kommen sich Mensch und Tier nicht ins Gehege. Aber Kraniche sind auch ansonsten keine Kostverächter. Sie mögen vieles, was wir Menschen mögen und was auch unsere Bauern anbauen: Sonnenblumenkerne, Mais und Kartoffeln. Die Naturschutzverbände füttern zu, um Konflikte zu vermeiden.

In Ländern des Südens sind die Nutzungskonflikte oft schärfer als hier bei uns. Da das Washingtoner Artenschutzabkommen den Handel mit Elfenbein verbietet, sind die Elefantenherden in einigen Regionen des südlichen Afrikas inzwischen so gewachsen, dass die grauen Riesen

zur Plage werden. Wenn Elefanten Felder verwüsten oder
sogar in ein Dorf einfallen, dann ist die Angst der Dorfbe-
wohner nachvollziehbar. Ihre eigene Existenz ist bedroht.
Der Schutz der Elefanten ist ihnen dann zweitrangig. Deshalb aber den Elfenbeinhandel zu lockern – was einige Staaten wünschen – wäre fatal. Denn Elfenbeinhandel führt
dazu, dass ganze Elefantenherden niedergemetzelt werden.

VEREINBARER ODER UNVEREINBARER GEGENSATZ?

Elmar Altvater schreibt, Globalisierung und Nachhaltigkeit
seien wie »Feuer und Wasser«. Denn die Globalisierung er-
mögliche dem, der es sich finanziell leisten könne, einen
unbegrenzten Ressourcenverbrauch. Je besser die Zugriffsmöglichkeiten und je billiger die Welthandelsware, desto
geringer der Ansporn, mit Ressourcen sorgsam umzuge-
hen. Außerdem nehme die Naturzerstörung durch Transport und Verkehr desto mehr zu, je größer die Region sei,
in der Handel getrieben werde.

Altvaters Beobachtungen sind richtig, solange man die
gegenwärtigen Koordinaten als unumstößlich hinnimmt.
Aber wir können diese Koordinaten verändern. Globalisierung und Nachhaltigkeit sind nur so lange Feuer und Wasser, solange Subventionen und die Externalisierung von
Umwelt- und Sozialkosten falsche Preise verursachen.
Führen wir aber schrittweise Preise ein, die alle ökologischen und sozialen Kosten spiegeln, wird sich die Globalisierung auf das sinnvolle Maß einpendeln.

Globale Gerechtigkeit setzt globale Nachhaltigkeit notwendig voraus, das wird besonders am Klimawandel deutlich. Vor allem am Beispiel Energie (Kap. 3) werde ich zeigen, dass globale Gerechtigkeit im Sinne gleichwertiger Lebensverhältnisse nur erreichbar ist, wenn wir global zusammenarbeiten. Die Mehrheit der Menschen im Süden wird ohne eine Energiewende im Norden keinen Zugang zu Strom bekommen und damit von sehr vielen Chancen ausgeschlossen bleiben. Ihre Lebenssituation würde sich durch den Klimawandel sogar sehr verschlechtern. Die Sahelzone, ein Armenhaus dieser Welt, könnte aber als Energieexporteur zu großem Wohlstand gelangen – wenn wir Koordinaten schaffen, in denen Afrika, heute Opfer der Globalisierung, diesen Prozess aktiv für sich nutzen kann. Wir müssen den Wind drehen, um ihn nutzen zu können.

Über Medien und Touristen wurde der *Way of life* des Nordens in jeden Winkel der Erde getragen und von der Oberschicht des Südens übernommen. Aber auch die Armen hoffen auf ein Leben mit Fernseher, Kühlschrank, Elektroherd, mit Auto und Reisen. Auf die Globalisierung von Know-how zur Ressourcenschonung zu verzichten, wäre fatal. Der Smog in Mexico-City und Delhi sollte jeden eines Besseren belehren. Die Globalisierung von Know-how kann man aber nicht isoliert betreiben – nicht, wenn man ansonsten renationalisiert.

Wir werden globale Nachhaltigkeit nicht erreichen, wenn wir den Norden – der zugegeben am meisten Natur verbraucht und auch auf Kosten des Südens im Wohlstand lebt – im Sinne altlinker Argumentation an den Pranger stellen und ihn auffordern, sich zu bescheiden. Denn das wäre nur ein Teil des Wegs, den wir gehen müssen. Wir können globale Nachhaltigkeit nur erreichen, wenn wir statt der Schuldigen-Diskussion eine Zieldiskussion führen und dabei die Bedürfnisse des Planeten in den Mittelpunkt stellen: seine Endlichkeit, seine begrenzt vorhandenen

Ressourcen und seine begrenzt vorhandenen Möglichkeiten, Müll zu absorbieren.

Wolfgang Sachs (Wuppertal Institut) würde mir entgegnen, dass bisher jeder Erfolg bei der Steigerung der Ressourcenproduktivität durch ein Mehr an Verbraucherwünschen wieder zunichte gemacht wurde. Das stimmt und stimmt nicht. In der Vergangenheit wurden die Treibstoff-Einsparungen bei modernen Autos wieder aufgewogen, weil mehr Autos gekauft wurden. Manche benötigen ja einen allradangetriebenen Landrover mit 18-Liter-Verbrauch, um morgens in der verkehrsberuhigten Zone Brötchen zu holen. Aber ich bin sicher: Die Erfahrung, je besser das Straßennetz eines Landes, um so höher die Zahl der Offroad-Cars, ist kein Naturgesetz.

Die politisch-strategische Antwort auf diesen Missstand, den Sachs zu Recht heraushebt, ist es, die Endlichkeit des Ökosystems zur Grundlage des Managements zu machen. Das heißt konkret: Absolute Obergrenzen für den Verbrauch endlicher Ressourcen einzuführen. Globale und nationale Obergrenzen, die dann in jedem Land in Obergrenzen für die verschiedenen Sektoren (Wirtschaft, Verkehr, private Haushalte) überführt werden. Dann kann der Erfolg bei der Steigerung der Ressourcenproduktivität nicht mehr durch Wachstum zunichte gemacht werden.

Solche Obergrenzen haben wir bereits im Kyoto-Protokoll, beim Verbot der POP und FCKW. Diese Obergrenzen müssen niedrig sein und noch niedriger werden. Nur so lässt sich die Dynamik eines Wachstums durchbrechen, dass sich seiner eigenen Grundlagen immer mehr beraubt.

Ich erinnere an China, das Wachstum und Treibhausgasemissionen schon entkoppelt hat. Die rot-grüne Bundesregierung hat erreicht, dass die CO_2-Emissionen der privaten Haushalte im Jahr 2000 um 11,5 % unter den Emissionen von 1990 lagen. Sogar im Verkehr hat sie die Emissionen im

Jahr 2000 gegenüber 1999 um ca. 2 % senken können. Der Gefahr kann man also durch gezielte Maßnahmen entgehen. Das haben wir in dieser Legislaturperiode gezeigt.

Wolfgang Sachs fordert Suffizienz, Bereitschaft zum Verzicht. Die hohe Zahl der Menschen, die für sich persönlich Zeitwohlstand höher werten als Geldwohlstand und deshalb Teilzeitarbeit suchen, lässt vermuten, dass der Beginn eines postmateriellen Zeitalters, das sich in Westdeutschland und auch in anderen Ländern Westeuropas vor 1989 angekündigt hatte, unterbrochen, verzögert, aber nicht abgebrochen wurde. Der Raubbau an der Natur, Konsumsucht und Zeitmangel sind verschiedene Aspekte einer Fehlentwicklung.

Andere Wohlstandsmodelle, die Kultur, sozialen Beziehungen und Natur einen höheren Stellenwert zuschreiben als Geld, finden im Norden immer mehr Anhänger. Mehr Freizeit statt mehr Gehalt? Eigene Fähigkeiten entwickeln – selber kochen statt Kantine? Statt gestresst der langen Nacht des Shoppings zu frönen lieber Fahrrad fahren? Selbstbestimmung?

Damit will ich keinesfalls das alte grüne Klischee von Wollsocken und Birkenstock-Sandalen beleben. Sondern Wohlstandsmodelle anreißen, bei denen Arbeit Spaß macht – aber auch genügend Zeit bleibt, mit Menschen zu leben, Natur zu erleben, ein Leben außerhalb der Arbeit oder der Erwerbslosigkeit zu führen – oder sich in der Gesellschaft zu engagieren. Das kann in einer Bürgerinitiative für das Wohngebiet sein, durch Betreuung von Kindern in Sportvereinen, die Mitgliedschaft bei der freiwilligen Feuerwehr oder bei den Landfrauen.

Bei uns muss das Arbeitsleben vielfältiger und flexibler strukturiert werden, um mehr Freiheit zu gewähren. Sabbaticals und Teilzeitarbeit dürfen nicht Privileg weniger bleiben. Andere Länder sind uns in dieser Hinsicht schon weit voraus: In den Niederlanden arbeiten doppelt so viele Frauen und sechsmal so viele Männer halbe Tage wie in Deutschland. In Dänemark macht schon jeder sechste Arbeitnehmer die Erfahrung, in jedem siebten Jahr frei zu haben, ein Sabbatical zu nehmen.

Deshalb hat die rot-grüne Bundesregierung gegen die Widerstände der Unternehmerverbände einen Rechtsanspruch auf Teilzeit gesetzlich verankert – und gleichzeitig mit der Erhöhung des steuerfreien Existenzminimums und der Absenkung der Eingangsbesteuerung die Möglichkeiten zur Wahrnehmung verbessert.

Ein Mehr an Teilzeitarbeit schafft nicht nur neue Beschäftigungsmöglichkeiten für Arbeitslose. Mehr Teilzeit ist auch ein Beitrag zu Ökologie und Gerechtigkeit. Dieser Weg führt letztlich zu eben dem geringeren Naturverbrauch, den Sachs mit seiner Forderung nach Suffizienz erreichen will.

Die Frage ist: Wie kommen wir am schnellsten dorthin? Meine Position ist: Indem wir ökologisch verträgliche Lebensstile nicht predigen, sondern attraktiv machen. Indem wir Menschen im Norden Zeit geben, die Schönheit des Planeten zu erleben, zu verstehen, sie wertzuschätzen. Dann werden sie auch die Bereitschaft entwickeln, ihn langfristig vor uns zu schützen. Nicht nur die Wirtschaft, sondern die Gesellschaft insgesamt steht vor einer Neuorientierung. Der Erhalt der Weltumwelt ist eine *kulturelle* Herausforderung. Deshalb nutzt kein Appell an die Einsichtsfähigkeit, sondern nur Faszination und Begeisterung.

2. Ein ökologischer Rahmen für die Globalisierung

Im Europa des 19. Jahrhunderts nahm der Nationalstaat zivilisierende Funktionen wahr und setzte gesamtwirtschaftliche Interessen gegen das Profitstreben einzelner Unternehmen durch: Er verbot beispielsweise Kinderarbeit und offensichtlichen Raubbau an der Arbeitskraft. Er führte Arbeitszeitbestimmungen, Krankenkassen und Sozialversicherungen ein. Klassische Ökonomen sprechen im Hinblick auf diese Zeit vom Staat als »ideellem Gesamtkapitalisten«.

Diese Rolle des Nationalstaates hat sich unter den Bedingungen der Globalisierung gewandelt. Es gibt heute kein politisches Subjekt, das das globale Gesamtinteresse mit der zur Durchsetzung nötigen Macht vertritt. Die Vereinten Nationen haben diese Macht nicht. Die Weltumwelt bedarf aber eines Gesellschaftsvertrages, der nachhaltige Entwicklung, Wettbewerbsfähigkeit und soziale Gerechtigkeit auf einen Nenner bringt.

Denn das Problem hat sich zugespitzt: Im Nationalstaat des 19. Jahrhunderts konnte die politische Klasse noch glauben, Probleme ließen sich exportieren – auch um den Preis von Kriegen. Heute ist die Endlichkeit des Planeten überdeutlich, die Grenzen des Wachstums sind bei bestimmten Ressourcen auf Jahrzehnte präzise zu benennen.

Wer könnte also auf der globalen Ebene die Rolle des politischen Subjekts übernehmen, das ein Gesamtinteresse wahren und durchsetzen könnte? Etwa, indem für entstandene Schäden gehaftet wird. Es gibt bisher keinen Weltbundesstaat, kein Weltparlament und keine Weltregierung. Und das ist durchaus gut so.

Der Globalisierung muss allerdings im globalen Gesamtinteresse auf andere Weise ein Rahmen gesetzt werden: Die Weltumwelt bedarf multilateraler, global verbindlicher Vereinbarungen auf der Basis des Vorsorge- und des Verursacherprinzips.

Während auf der Verursacherseite etwa internationale Konzerne ihre Entscheidungen mit einem Mausklick treffen können, muss die Weltgemeinschaft mühsam einen Konsens auf Konferenzen der Vereinten Nationen erarbeiten. Er gründet auf dem Prinzip der Einstimmigkeit. Gerade wenn es darum geht, das Vorsorgeprinzip zu beherzigen, ist dies ein Nachteil.

Oft droht die Gefahr, dass die Verhandlungspartner doch bei einem eher nachsorgenden Umweltschutz, bei Reparatur stehen bleiben. Aber das ist nicht immer so. Das Klimaprotokoll von Kyoto etwa ist ein Stück Vorsorge, ebenso das Abkommen über die schlimmsten zwölf Gifte, das Abkommen über die *persistent organic pollutants* (POP).

Konsensbildung ist nicht nur kompliziert, sie kostet auch Zeit. Das weltweite Verbot der POP hat insgesamt 30 Jahre gedauert: 1972 hat Deutschland die Verwendung von DDT verboten. Das war das erste Gesetz zum Verbot eines der POP überhaupt. Ende der 80er Jahre wurden in Deutschland schrittweise auch die PCB und die PCP verboten. Gleichzeitig suchte man nach Ersatzstoffen, um die Verwendung derart giftiger und langlebiger Chemikalien weiter einzuschränken.

Der Europäische Rat schloss sich später dem deutschen

Vorgehen an und verbot qua Richtlinie, verschiedene POP in den Verkehr zu bringen. Auf die Menge der produzierten POP wirkte sich das aber kaum aus, denn Indien, China und andere Staaten produzierten weiter.

Das Verbot in Deutschland und Europa nutzte Umwelt und Gesundheit also letztlich relativ wenig: Die POP schädigten Umwelt und Menschen weiter global. Klaus Töpfer griff schließlich als Chef der UN-Umweltbehörde (UNEP) die Initiative auf, für POP im Konsens eine internationale Konvention zu entwickeln.

Die POP waren ein Paradebeispiel für die Notwendigkeit eines solchen Abkommens. Ein Land allein konnte das Problem nicht lösen. Ursache und Wirkung traten an weit entfernten Orten auf. Diese langlebigen organischen Gifte wandern in der Atmosphäre rund um den Erdball, sammeln sich als Niederschlag rings um den Nordpol an und gelangen übers Plankton, über Fische und über Robben schließlich auch in die menschliche Nahrungskette. Eisbären, die von Robben leben, tragen schwere Erbgutschäden davon und verlieren die Fähigkeit, sich fortzupflanzen. Die Inuit, die Eskimos, essen ebenfalls Robbenfleisch und sind damit einer großen Gefahr ausgesetzt.

Die Inuit sind kanadische Staatsbürger, also finanzierte Kanada, das sich hier besonders engagierte, die erste von fünf Konferenzen, auf denen Regierungsvertreter eine POP-Konvention aushandelten. Am 10. Dezember 2000 wurde in Johannesburg nach zweieinhalbjährigem Verhandlungsprozess das Abkommen verabschiedet. Auch die USA, die sich lange gegen die Vereinbarung gesperrt hatten, sagten schließlich zu, es zu ratifizieren. Am 23. Mai 2001 in Stockholm konnte die Staatengmeinschaft die Konvention zum Ausstieg aus der Herstellung und der Verwendung von zwölf POP unterzeichnen.

Als nationaler und zumal als europäischer Umweltminister sehe ich Vor- und Nachteile der jetzigen Entwicklung. Der nationale Arm reicht einerseits nicht mehr so weit wie früher, andererseits aber weiter. Wenn man einen langen Atem hat.

Der einzelne Nationalstaat ist außerdem für die Umsetzung von Abkommen immer noch wichtig: Bevor eine Konvention gültig wird, muss ein bestimmtes Quorum erreicht werden: So müssen die Parlamente von 50 der 104 POP-Unterzeichnerstaaten die Vereinbarung ratifizieren. Es gibt in dieser Phase so etwas wie Gruppenzwang. Ohne diesen Prozess, ohne diesen scheinbaren Umweg über die internationale Konvention, wäre es sehr viel schwieriger, 50 Staaten von der Notwendigkeit zu überzeugen, POP zu verbieten. Einmal in Kraft, gilt die Konvention weltweit. Wir rechnen damit, dass dies bei der Konvention zum Verbot der POP in zwei bis drei Jahren der Fall sein wird. Eine Nation, die hartnäckig ist, wie in diesem Fall die deutsche und später vor allem die kanadische, kann heute sehr viel mehr erreichen als früher, als die Welt noch politisch geteilt und weniger vernetzt war.

So viel Zeit wie beim weltweiten Verbot der POP können wir uns jedoch nicht bei allen Umweltproblemen lassen.

Sehr viel schneller waren wir beim Biosafety-Protokoll, das unter anderem den Handel mit gentechnisch veränderten Organismen regelt: Die Ausarbeitung eines solchen Abkommens war 1992 auf dem Gipfel in Rio de Janeiro beschlossen worden, und im Januar 2000 in Montreal schaffte es die Staatengemeinschaft schließlich doch, den Widerstand einiger Nationalstaaten (USA, Kanada, Australien, Argentinien, Chile und Uruguay) zu brechen und eine Endfassung zu unterzeichnen.

Beim Kyoto-Protokoll, das voraussichtlich noch vor der »Rio + 10-Konferenz« in Johannesburg in Kraft treten wird, hat es fünf Jahre – von 1997 bis zum Sommer 2001 – gedauert, einen Konsens zu erreichen. Durch das Zusammenspiel von besonderem nationalem Engagement und grouppressure ist es in Bonn schließlich gelungen, die Blockade von Den Haag zu überwinden und die Vereinbarung zu unterzeichnen. Hierbei hat die Europäische Union eine besondere Rolle gespielt.

Gute Vorbereitung, Kondition und Zähigkeit

Auf internationalen Konferenzen treten die EU-Staaten als Block auf, vertreten durch die EU-Ratspräsidentschaft und die Kommission. Deutschland kann sich deshalb immer nur innerhalb der EU engagieren, in der sich natürlich von Fall zu Fall verschiedene Gruppen bilden.

Es hat sich schon als umweltpolitisch außerordentlich sinnvoll erwiesen, dass die EU nach außen mit einer Stimme spricht. Nur so bekommen andere Staaten wie die die USA oder Staatengruppen ein Gegengewicht.

Bei den Klimaverhandlungen in Bonn und Marrakesch ist die EU wie ein starker Nationalstaat aufgetreten, und das hat es letztlich ermöglicht, den Widerstand insbesondere der USA, aber auch von Ländern wie Australien zu überwinden.

Bei vielen Verhandlungen gibt es relativ gleich bleibende Interessengruppen. Auf der einen Seite die EU, auf der anderen die USA mit ihren Verbündeten. Die Entwicklungsländer finden sich in der Gruppe der G77 mit China zusammen, aber es gibt auch Untergruppen, etwa AOSIS, die Organisation der vom Klimawandel besonders bedrohten kleinen Inselstaaten, oder OPEC, ein Zusammenschluss

Erdöl exportierender Länder. An den Verhandlungen nehmen als beratende Beobachter zudem internationale Organisationen, NGO und Industrieverbände teil.

Tritt eine solche Konferenz zusammen, sind in dem Entwurf für eine Vereinbarung alle strittigen Fragen in eckige Klammern gesetzt. Darüber verhandeln zuerst die Fachbeamten – das sind mitunter mehrere hundert, bisweilen auch mehrere tausend Experten aus allen Teilen der Erde. Als im Februar 1999 über das Biosafety-Protokoll verhandelt wurde, hatte der Text bei der Ankunft der Fachbeamten aus 134 Ländern noch 680 eckige Klammern. Die Experten hatten eine Woche Zeit, um sie für die Minister auf die Kernfragen zu minimieren.

Die Ministersitzungen gehen zum Schluss meist rund um die Uhr, und die Entscheidung fällt oft morgens um sechs oder sieben Uhr. Bei der letzten Verhandlungsrunde des POP-Abkommens im Dezember 2000 etwa wurde schon von Montag bis Freitag nahezu pausenlos verhandelt. Am Samstag, dem letzten Verhandlungstag, begann früh morgens die letzte Sitzung, eigentlich sollte die Konferenz um 24 Uhr enden. Um Mitternacht wurden die Uhren angehalten. Am Sonntag früh um 7.45 Uhr stand der Vertragstext und damit der Konsens.

Für das Kyoto-Abkommen genügten in Den Haag allerdings auch zwei durchverhandelte Nächte nicht – dafür klappte es in der Nacht zum 23. Juli 2001 in Bonn.

Die Tücke uneingestandener nationaler Interessen

Bei solchen Verhandlungen treffen sehr heterogene und manchmal widersprüchliche nationale Interessen aufeinander. Die Staaten des Nordens teilen sich meist in zwei Lager: die USA, Australien, Kanada und einige andere bilden das eine, die Europäer das andere Lager. Die EU ist meist der Anwalt der ambitionierten Umwelt- und Sozial-Standards.

Mitunter stehen sich die europäischen Nationalstaaten aber auch gegenseitig im Weg. Während der Klimaverhandlungen in Den Haag im November 2000 wollten die Europäer sicherstellen, dass Atomenergie nicht als Klimaschutzmaßnahme anerkannt wurde. Da einzelne Ressorts von Mitgliedstaaten der EU hier unterschiedliche Positionen vertraten, gelang es den Europäern nur mit etlichen Stunden Verspätung, ihren Standpunkt in der letzten Nachtverhandlungsrunde schriftlich vorzulegen. Das hat zwar das Scheitern der Konferenz von Den Haag nicht verursacht, die Rolle der Europäer als treibende Kraft der internationalen Klimapolitik aber geschwächt. Erst bei den Klimaverhandlungen in Bonn haben wir den strittigen Punkt, den Ausschluss neuer Atomkraftwerke aus dem Clean Development Mechanism (CDM), durchgesetzt. Global. Weil wir Europäer uns inzwischen einig waren und an einem Strick zogen.

Letztlich lassen sich für viele Probleme Lösungen finden. Dies ist umso einfacher, je offener Interessen vertreten werden. Ein Mitgliedstaat mit Reduktionsverpflichtungen erklärte bei den Kyoto-Verhandlungen, er würde die Reduktion der Treibhausgase in der ersten Phase nicht schaffen. Er wollte aber den Kyoto-Prozess insgesamt. Die Verpflichtungen der nächsten Periode könne er umsetzen, doch er wolle nichts unterschreiben, was er nicht einhalten könne. Deshalb bräuchte er für die erste Phase eine Sonderregelung. Das war eine klare Position. Also konnte eine Lösung gefunden werden.

Schwieriger ist es, wenn der Kern des Interesses verschwiegen wird, wenn ein Land die Verhandlungen verzögert, ohne klar zu sagen, wo der Schuh drückt. Wenn unterschiedliche Interessen innerhalb einer Ländergruppe – sei es die Frage der Atomkraft, sei es die Anrechnung von

Waldflächen – nicht ausgetragen werden, kann dies auch eine ansonsten progressive Rolle einer Gruppe insgesamt in Frage stellen.

Die Natur beherrschen?

Die umwälzenden Erfindungen der Menschheit in der Vergangenheit – die Erfindung des Feuers, des Rads, des Buchdrucks, des Impfens und des Internets – hatten alle eins gemeinsam: Sie erhöhten die Fähigkeit der Menschen, sich gegenüber der Umwelt zu behaupten, sie zu erobern und miteinander zu kommunizieren. Es waren lauter Mittel, die eigene Herrschaft über den Planeten auszubauen.

Diese Innovationen zu nutzen, erforderte weder ein Selbstverständnis als Weltbürger noch eine spezifische Motivation, Ressourcen zu schonen und damit die Umwelt zu schützen, sondern Ziele wie Überlebenswille, Egoismus und Arbeitserleichterung reichten als Antriebskräfte völlig aus.

Jetzt müssen wir dagegen Kulturen entwickeln – beziehungsweise dort, wo sie noch vorhanden sind, erhalten –, die einen Ausgleich zwischen den Nutzungsbedürfnissen oder den Nutzungswünschen der Menschen und der Tragfähigkeit des Ökosystems ermöglichen. Priorität muss dabei die Belastbarkeit der Natur haben. Die globale Oberschicht muss deshalb ihren hohen Ressourcenverbrauch reduzieren – was jedoch entgegen gängiger Vorurteile nicht notwendig mit einem Wohlstandsverzicht gekoppelt ist. Ob das Warmwasser aus einer Solvis-Solarthermie oder aus einem Stiebel-Eltron-Durchlauferhitzer kommt, macht beim morgendlichen Bad keinen Unterschied. Energetisch aber ist der Unterschied beträchtlich.

Zukunftsfähigkeit heißt: Mensch und Ökosystem neu ausbalancieren

Mensch und Ökosystem neu auszubalancieren ist die zentrale Herausforderung des 21. Jahrhunderts. Das erfordert eine umfassende gesellschaftliche Reform. Es geht um mehr als nur um eine Reform der so genannten Entwicklungspolitik und um mehr als nur um technische Innovationen, die Effizienz steigern und Ressourcenverbrauch einschränken. Wir müssen die Begrenztheit der Weltumwelt zum Ausgangspunkt unserer Strategien machen, Globalisierung und Gerechtigkeit durch Ökologie miteinander zu vereinbaren.

Vandana Shiva unterscheidet drei Haushalte: Der Naturhaushalt umfasst die ökologischen Prozesse und Systeme der Erde, der Haushalt des Menschen das Überleben im Sinne der Grundbedürfnisse Essen, Kleiden, Wohnen etc. Der Haushalt des Kapitals bezieht sich auf die Kreisläufe des Geldes, auf Mehrwert.

Die Globalisierung der 90er Jahre habe dazu geführt, dass sich der Haushalt des Kapitals auf Kosten des Haushalts der Natur und des Haushalts der Menschen ausbreitete. Für Vandana Shiva sind Reproduktion und Regeneration von Leben innerhalb des Ökosystems die Voraussetzung für eine zukunftsfähige, gerechte Entwicklung.

Für eine Entwicklung im Sinne Vandana Shivas müssen sich Nord und Süd aus der fatalen Eindimensionalität befreien, die seit dem Ende des Zweiten Weltkriegs das Denken weltweit bestimmt: Entwicklung heiße, den Norden nachzuahmen und einzuholen. Die Industrieländer sind kein zukunftsfähiges Leitbild für Entwicklung, sondern gerade das Festhalten an diesem Leitbild verschärft die Ökokrise. Man muss sogar konstatieren: Industrieländer sind vielfach höchst entwicklungsbedürftig: Raubbau und

Ressourcenverschwendung sind Fehlentwicklungen. Nimmt man nachhaltigen Ressourcenverbrauch zum Maßstab, sind Industrieländer unterentwickelter als Mosambik oder Laos.

ENTWICKELT – UNTERENTWICKELT – FEHLENTWICKELT

US-Präsident Harry S. Truman teilte in seiner Regierungserklärung am 20. Januar 1949 die Länder dieser Erde in entwickelte und unterentwickelte ein. Die von ihm genannten Kriterien reduzieren die Kultur eines Landes auf seine volkswirtschaftliche Produktivität. Demzufolge war die Mehrheit der Länder »unterentwickelt«. Die Ökonomie wurde zum Maß für die Gesellschaft.

Seit das Bruttosozialprodukt als Ausweis für die gesamtwirtschaftliche Leistung eines Staates gilt, werden die Länder des Südens daran gemessen, was ihnen in den Augen des Nordens fehlt. Die Konsequenz: Allen Ländern des Südens wurde ein Wettrennen gegeneinander und eine Aufholjagd gegenüber dem Norden aufgezwungen. Die Startpositionen waren etwas unterschiedlich, und die Länder nutzten teilweise verschiedene Strategien. Aber sie mussten alle die gleiche Richtung einschlagen: den Industrieländern hinterher. Ihnen wurde suggeriert, sie könnten die Industrieländer einholen. Diese Fata Morgana erwies sich als ebenso illusionär wie in der Fabel die Vorstellung des Hasen, er könne den Igel im Wettlauf besiegen: Die Ökonomien des Nordens warteten nicht auf die Länder des Südens, sondern waren immer schon vor ihnen da. Während die nachholende Industrialisierung noch Leitbild vieler Länder des Südens war, entwickelten sich die Gesellschaften des Nordens zu Dienstleistungsgesellschaften.

Wider das Konstrukt der »Unterentwicklung des Südens«

Die Art der Trennung in »entwickelte« und »unterentwickelte« Länder ist in mehrfacher Hinsicht fatal. Wer Wirtschaftswachstum zum ausschließlichen Kriterium für gesellschaftlichen Fortschritt erhebt, macht Kultur und damit alternative Vorstellungen vom Verhältnis zwischen Mensch und Natur zur Privatangelegenheit. Sie dürfen die Ökonomie vor allem nicht stören.

Konsequenz dieser Betrachtungsweise ist zudem: Wirtschaftswachstum wird als Allheilmittel angesehen. Ein Irrweg. Schon 1973 erklärte der damalige Weltbankpräsident Robert McNamara, es sei eine Illusion, dass Wachstum Wohlstand bewirke, der von oben nach unten zu den Armen durchsickere *(Trickle-down-Effekt)*. Im Gegenteil: Das auf das Bruttosozialprodukt zielende Wachstumskonzept sei für die wachsende Zahl von Armen verantwortlich.

Viele Kriterien für »Unterentwicklung« lassen sich ad absurdum führen: ein hoher agrarischer Anteil an der Wirtschaft, ein hoher Anteil von Landbevölkerung, geringe Diversifikation der Wirtschaft, geringe Weltmarktintegration und ein geringes Bruttosozialprodukt.

Weshalb soll es primitiv sein, wenn ein großer Teil der Einwohner als Bauern auf dem Land lebt? Wird damit nicht unterstellt, auf dem Land gäbe es keine Schulen und deshalb seien die Menschen dort Hinterwäldler?

Wären ökologisch vertretbare Wirtschaftsweisen und nicht das Bruttosozialprodukt Richtmaß für Entwicklung, dann würde positiv zu Buche schlagen, wenn ein hoher Anteil der Bevölkerung auf dem und vom Land lebt. Anders als in der Stadt haben Menschen auf dem Land zumindest die Möglichkeit, sich besser in Stoffkreisläufe der Natur zu integrieren. Je mehr Bewohner ländlicher Regionen biologisch angebaute Nahrungsmittel, Energie aus Windkraft- oder Solaranlagen oder aus Biomasse anbieten, je mehr anspruchsvolle Arbeitsplätze durch neue Kommunikationsmedien auch auf dem Land entstehen, desto widersinniger wird dieses Kriterium für eine behauptete Unterentwicklung.

Zukunft neu konzipieren – ökologische Fehlentwicklungen korrigieren

Die mechanische Einteilung in »entwickelte« und »unterentwickelte« Länder verschleiert die bedrohlichste aller Fehlentwicklungen: den Ressourcenverbrauch des Nordens. Ich halte es für destruktiv, Ökologie derart auszublenden. Eine Gesellschaft ist nur dann »entwickelt«, wenn sie nicht auf Raubbau an ihren Lebensgrundlagen angewiesen ist.

Die Soziale Frage ist nur ökologisch zu lösen, und die Welt der Menschen kann nur durch ökologische Wirtschaftsweisen und Lebensstile erhalten werden.

Äpfel mit Birnen verglichen

Auch in anderen Aspekten ist die Einteilung in »entwickelte« und »unterentwickelte« Länder keineswegs sinnvoll: Die sich daraus ergebenden Ländergruppen sind aus heutiger Sicht geradezu willkürlich und erscheinen in Bezug auf die jeweils eigenen Interessen oft kontraproduktiv.

Als »Entwicklungsländer« werden heute die Nicht-»Industrieländer« bezeichnet. Darunter einige Mitgliedsländer der OECD, zum Beispiel Mexiko, Südkorea und die Türkei, ehemalige Ostblockstaaten wie Albanien und Kirgisien, reiche Ölstaaten wie Saudi-Arabien (weil sie ihre Serviceleistungen mangels eigenem Know-how einkaufen müssen), in sich höchst heterogene Länder wie China und Chile, arme Länder wie Laos und Eritrea, Schwellenländer wie Brasilien, Indonesien oder Singapur.

Vor fast 40 Jahren haben sich die so genannten Entwicklungsländer in der »G77« zusammengeschlossen, um ihre Interessen besser gegen den Norden vertreten zu können. Inzwischen gehören zur G77 133 teils sehr arme, teils reiche Länder. Es gibt innerhalb der Gruppe de facto erhebliche Interessengegensätze – beispielsweise zwischen OPEC-Staaten und den kleinen Inselstaaten im Pazifik. Beim Klimaschutz wären die OPEC-Staaten ein natürlicher Verbündeter der USA, Staaten wie Kiribati und Tuvalu aber Verbündete der Europäer. Die nach wie vor bestehenden »historischen Gruppen« führen heute dazu, dass die Schwächsten – wie die kleinen Inselstaaten beim Klimaschutz –, sich den stärkeren in der eigenen Gruppe fügen müssen.

Das Kyoto-Protokoll sieht vor, dass nur die Industrieländer des Nordens in der ersten Verpflichtungsperiode ihre Treibhausgasemissionen reduzieren müssen. Alle anderen Länder sind davon freigestellt. Zu Recht – denn 80 % des von Menschen verursachten, in der Atmosphäre gespeicherten CO_2 stammt aus den Industrieländern des Nordens. Bezogen auf das Kyoto-Protokoll ist es für Singapur und Saudi-Arabien äußerst vorteilhaft, als »Entwicklungsland« zu gelten, weil sie erst in der zweiten Verpflichtungsperiode in die Reduzierung der Treibhausgase investieren müssen.

Beim Montreal-Protokoll zum Schutz der Ozonschicht hat man erstmalig problemspezifische Trennlinien festgelegt.

Dieses 1987 unterzeichnete Abkommen und seine Zusatzvereinbarungen regeln den schrittweisen Ausstieg aus Produktion und Anwendung von Fluorchlorkohlenwasserstoffen (FCKW), die wesentlichen Anteil an der Zerstörung der Ozonschicht haben. In den Industrieländern des Nordens ist die Produktion der voll halogenierten FCKW seit 1996 verboten. Die Länder des Südens haben eine Übergangsfrist bis zum Jahre 2010, dann dürfen auch sie voll halogenierte FCKW weder herstellen noch verwenden. Wenn sie allerdings mehr als 300 Gramm FCKW pro Kopf und Jahr freisetzen, gelten sie als Industrieland und müssen automatisch die für diese Gruppe strengeren Reduktionspflichten bei der Emission erfüllen. Der betreffende Staat wird auch bei Abstimmungen zur Gruppe der Industrieländer gezählt.

Zur Durchsetzung von Nachhaltigkeit wäre es konsequent und sinnvoll, wenn man grundsätzlich als neue Kategorie statt des Bruttosozialprodukts oder der historischen Einteilung in »entwickelte« und »unterentwickelte« Länder den Pro-Kopf-Verbrauch einführen würde.

Von der Entwicklungspolitik zur globalen Strukturpolitik

Da es das ehemals universal verbindliche Entwicklungsideal der Staaten des Nordens nicht mehr geben darf, weil auch sie sich fehlentwickelt haben, bedarf es neuer Ansätze.

Die politische Aufgabe lautet: von der Entwicklungshilfe zur globalen Strukturpolitik. So formulierte es auch der rot-grüne Koalitionsvertrag von 1998. Denken wir dieses Konzept fort, müssen wir global verbindliche Umweltstandards setzen, neue globale Strukturen schaffen, vor allem ökologisch und sozial gerechte Welthandelsbeziehungen. Danach könnten wir uns auch von einer ewigen Taube auf dem Dach verabschieden, die im vergangenen Jahrzehnt ohnehin schon weggeflogen ist: vom 0,7 %-Ziel.

Seit 30 Jahren ist auf internationalen Konferenzen, auch auf dem Erdgipfel von Rio, immer wieder gefordert worden, die Industrieländer sollten 0,7 % ihres Bruttosozialprodukts als öffentliche Entwicklungshilfe (ODA) geben. Das haben nur wenige Länder erreicht, etwa Dänemark und die Niederlande. Kofi Annan fordert, die ODA jährlich um 50 Milliarden Dollar zu erhöhen. Die für Entwicklungszusammenarbeit verantwortlichen Minister der EU haben sich in Barcelona verpflichtet, ODA bis 2006 von 0,33 % auf 0,39 % anzuheben.

Die ODA hat weltweit einen Umfang von weniger als 55 Milliarden Dollar. Der Jahresetat der Bundesrepublik Deutschland beträgt im Jahr 2002 247,5 Milliarden Euro. Täglich werden weltweit Devisengeschäfte in Höhe von 1,5 Billionen Dollar abgewickelt. Eins sagen diese Zahlen ganz klar: »Entwicklungshilfe« kann zwar für einzelne Menschen lebensrettend sein, global ist sie aber nicht mehr als ein Tropfen auf den heißen Stein.

Vielleicht lieber Spatzen, die goldene Eier legen können

Macht es also Sinn, gläubig auf diese Taube zu hoffen, dieses 0,7 %-Ziel gebetsmühlenartig in internationalen Abschlusserklärungen zu wiederholen wie die EU-Staaten in Göteborg 2001 und in Barcelona 2002 – wenn der gemeinsame Wille, es zu erreichen, nicht da ist? Versprechen soll man halten. Die Enquetekommission zur Globalisierung empfiehlt sogar, man solle 1 % anstreben.

Für viel wesentlicher als den alten Streit um das 0,7 %-Ziel halte ich es, dem Slogan »Handel statt Hilfe« endlich Taten folgen zu lassen. Würde der Norden seine Schutz-

bestimmungen für die Landwirtschaft und den Textilbereich aufgeben und sich wirklichem Freihandel stellen,
könnten die Länder des Südens selbst mehr verdienen als
die bisherige Gesamtsumme der ODA. Die Enquete des
Deutschen Bundestages zur Globalisierung schätzt, dass
die Länder des Südens zusätzlich Güter im Wert von 150
bis 200 Milliarden Dollar pro Jahr verkaufen könnten,
wenn der Norden seine Märkte öffnen würde.

Gerade in den Bereichen, in denen die Länder des Südens
konkurrieren könnten – also bei Agrarprodukten, Textilien
und bestimmten Bergbauprodukten –, betreibt der Norden
eine protektionistische Politik. Warum dauert es mehr als
zehn Jahre, die europäische Zuckermarktordnung samt
ihrer Subventionen zu beenden, wo doch nicht nur Kuba,
sondern unzählige Länder des Südens mit dem Zucker
wirtschaftliche Einnahmen erzielen könnten? Die Bundesregierung hat mit der EU-Kommission nach zähen Auseinandersetzungen mit der agrarindustriellen Lobby endlich
europaweit doch das Ende der Subvention für die Zuckerproduktion festschreiben können.

Reformprojekte zur Krisenvorbeugung
und zur Krisenbewältigung

Statt sich nur am 0,7%-Ziel festzubeißen, ist es vernünftig,
nach neuen Einkommensmöglichkeiten zu suchen – etwa
bei den globalen Akteuren. Sie nutzen globale Gemeinschaftsgüter häufig zum Nulltarif – und erzielen damit erheblichen Gewinn. Der »Wissenschaftliche Beirat der Bundesregierung Globale Umweltveränderungen« (WBGU)
schlägt vor, Nutzungsentgelte für die Nutzung des Luftraums und der Meere zu erheben und den Nutzungsverzicht global wertvoller Umweltressourcen zu entgelten.

Andere plädieren für eine globale Besteuerung der Devisenspekulationen. Das Modell einer Steuer auf und damit auch gegen Devisenspekulation stammt vom amerikanischen Nobelpreisträger James Tobin. Der frühere Leiter der UN-Entwicklungsbehörde Gustave Speth hat 1994, als die Devisenspekulation noch längst nicht so weit fortgeschritten war wie heute, ausgerechnet, dass eine weltweite Tobin-Steuer von 0,5 % 250 bis 340 Milliarden Dollar pro Jahr brächte, selbst wenn – was unwahrscheinlich wäre – die kurzfristigen Devisentransaktionen durch die Tobin-Steuer um die Hälfte sänken. Das ist ein Vielfaches der öffentlichen Entwicklungshilfe.

Um die massiven Widerstände gegen die Einführung einer Tobin-Steuer zu brechen, wurde das Modell inzwischen modifiziert. Das neue, von Paul Bernd Spahn entwickelte Modell einer zweisäuligen Tobin-Steuer würde langfristige Investitionen in keiner Weise behindern, aber den Gewinn von Spekulanten schmälern. Spahn empfiehlt eine – mit 0,01 % allerdings äußerst geringe – klassische Tobin-Steuer. Hinzu käme eine zweite Steuer für kurzfristige Devisenspekulation (weniger als ein Monat), um diesem destruktiven Geschäft etwas an Attraktivität zu nehmen. Da alle Devisengeschäfte schon zur Erhebung der 0,01 %-Abgabe elektronisch erfasst werden müssten, wäre es technisch kein Problem, die hochspekulativen Kapitalbewegungen zu identifizieren.

Die Gewinne dieser zweisäuligen Tobin-Tax könnten in armen Ländern zur Förderung zukunftsfähiger ökologischer und sozialer Umstrukturierung eingesetzt werden. Die Tobin-Steuer würde dazu beitragen, die Zahl der durch die Finanzmärkte ausgelösten Krisen zu begrenzen und die Folgen zu mildern.

Ist die Krise erst einmal da, tritt der IWF in Erscheinung. Auch hier sind – über die Verpflichtung zur Wahrung des Naturerbes hinausgehende – Reformen notwendig. Der IWF kann sich nicht darauf beschränken, lediglich das Kreditrisiko privater Banken mit öffentlichen Geldern zu begrenzen. In den 90er Jahren hat das Geld des IWF mehrfach eher dazu gedient, die Forderungen von Gläubigern zu erfüllen, statt dazu, dem Schuldnerland zu helfen. Derzeit ist der IWF tatsächlich die »kostenlose Risikoversicherung für Banken, Investmentfonds und private Anleger« (Enquete) in Ländern des Südens und Ostens. Die Forderung des IWF, die Gläubiger müssten sich an den Programmen zur Krisenbewältigung beteiligen (»bail-in«), ist daher nur allzu gerechtfertigt.

Wichtig sind gezielte Hilfen für die am meisten verschuldeten armen Staaten (Highly Indebted Poor Countries, HIPC). Auf deutsche Initiative hat der Weltwirtschaftsgipfel in Köln im Juni 1999 eine neue Entschuldungsrunde begonnen. Dabei wurden Schulden in Höhe von 23 Milliarden Dollar erlassen.

Das ist nicht bloß eine gute Tat. Es ist in unserem ureigenen Interesse. Es ist nicht in unserem Interesse, und es ist nicht im globalen Interesse, Armenhäuser auf der Erde zu haben, die ihre letzten Naturreserven ausbeuten, um Schulden zurückzuzahlen. Raubbau an der Umwelt schädigt die ganze Welt.

Neue Sichtweisen auf Wachstum und Wohlstand

Das Wachstum der Wirtschaft bemisst sich am Bruttosozialprodukt – dazu wird alles gezählt, was in irgendeiner Weise wirtschaftliche Aktivität ist oder hervorruft. Einen Wald abzuholzen und zu verkaufen schlägt als Wachstum zu Buche – auch wenn wir dadurch Jahrzehnte um einen Wald ärmer sind. Ist es ein naturnaher Wald, geht zugleich wertvoller Lebensraum für diverse Arten verloren, ein wichtiger Faktor für den Bodenerhalt, den Wasserhaushalt und ein Areal, in dem Menschen sich erholen wollen und können.

Der Verkauf einer Tankfüllung ist Wachstum, auch wenn der Verbrauch des Sprits die Umwelt schädigt. Selbst ein Autounfall zählt als Plus, auch wenn das Resultat vielleicht ein dauerhaft beeinträchtigter Mensch und ein Schrotthaufen ist: Danach muss das Auto in die Werkstatt, die Insassen zum Arzt oder ins Krankenhaus, nachher werden Rechtsanwälte beauftragt – »jetzt wird wieder in die Hände gespuckt, wir steigern das Bruttosozialprodukt«, wie »Geier Sturzflug« zur Neuen Deutschen Welle der 80er Jahre sang.

Widerstände erkennen

Das Bruttosozialprodukt ist eine blinde Größe, die wirtschaftliches Wachstum verabsolutiert und positiv bewertet. Sie misst nicht die Sinnhaftigkeit dessen, was gerade geschieht, sondern quantitatives Wachstum. Heute aber sind die ökologischen Lebensgrundlagen besonders gefährdet, knapp und daher kostbar. Deshalb müssen wir eine neue Vorstellung von Wirtschaftlichkeit und neue Bemessungsgrundlagen für wirtschaftliche Prozesse entwickeln. Sie durchzusetzen wird keineswegs einfach, denn die jetzigen dienen der Sicherung von Privilegien. Beispielsweise Privilegien der fossilen Energiewirtschaft. Allerdings wird die Notwendigkeit, neue Messtabellen zu entwickeln, immer unabweisbarer werden, je weiter der Klimawandel fortschreitet.

Dafür müssen Widerstände gebrochen werden – in Deutschland ebenso wie global: In der neuen deutschen Energieeinsparverordnung wurde der Primärenergieverbrauch gegenüber dem bis dahin geltenden Standard um ein Drittel niedriger angesetzt. Grundlage dafür ist künftig nicht mehr die laut Strom- oder Gasrechnung verbrauchte Energie – sondern die Primärenergie. Dass dieser Primärenergiefaktor durchgesetzt werden konnte, war ein großer Erfolg. Er konnte aber nicht hundertprozentig umgesetzt werden. Zwei sozialdemokratische Ministerpräsidenten, aus Nordrhein-Westfalen und Niedersachsen, hatten sich für eine Relativierung stark gemacht, zugunsten von zwei Firmen in ihren jeweiligen Ländern, die ihr Geld mit Stromheizungen und Wärmepumpen verdienen. Beide verschleudern Energie. Den Vormarsch moderner solarthermischer Anlagen konnte eine solche strukturkonservative Interessenpolitik für einzelne Unternehmen aber letztlich nicht verhindern.

Jede politisch gewollte ökologische oder soziale Veränderung ruft den Widerstand derer hervor, die vom jetzigen System profitieren und daher den Status quo erhalten wollen. In der Regel sind dies Unternehmen, die im Wettbewerb grundlegende Probleme haben. Mit Braunkohle kann ein Unternehmen gegen hocheffiziente Gaskraftwerke nur konkurrieren, solange Gas – anders als die Braunkohle – bei der Verstromung zu versteuern ist, also einen Wettbewerbsnachteil gegenüber einer schmutzigen und landschaftszerstörenden Energieform hat.

Die Politik der ökologischen Modernisierung gerät so leicht in Konflikt gerade mit jenen Branchen, die es versäumt haben, sich rechtzeitig ökonomisch besser zu stellen. Win-Win-Situationen (unmittelbarer Vorteil für die Umwelt und für das Unternehmen), wie etwa bei der Windenergie oder der Solarthermie, sind umso schwieriger zu schaffen, je kurzfristiger einige Beteiligte denken – oder im Konkurrenzkampf denken müssen.

Ökonomisch wie ökologisch zukunftsfähige Wirtschaftspolitik setzt ein strategisches Agieren voraus. Gerade in Boomzeiten aber belohnen die Börsen nicht kluge, langfristig orientierte Unternehmensentscheidungen, sondern den optimistischen Quartalsbericht – der dann nicht nur von Start-up-Firmen der New Economy, sondern auch vom wohl größten Energiekonzern der Welt, Enron, bei aufziehender Krise gerne geschönt wird.

Zu dem Widerspruch zwischen einer gesamtwirtschaftlichen und der betriebswirtschaftlichen Logik gesellt sich durch die globale Dominanz einer bloß finanzmarktorientierten Wirtschaftspolitik die Belohnung einer am kurzfristigen Profit orientierten Unternehmenskultur. Doch weder mit der Logik der Betriebswirtschaft noch mit den Regeln der Börse lässt sich zukunftsfähig auf der Erde leben.

Da der (kurzfristige) einzelbetriebliche Gewinn, wenn das Wachstum des Bruttosozialprodukts nicht als Messlatte für eine zukunftsfähige globale Entwicklung taugt, dann bedarf es eines neuen Maßstabes.

Ökosozialprodukt statt Bruttosozialprodukt

Zukunftsfähig ist nur eine Bewertung, die den Erhalt der natürlichen Ressourcen in den Mittelpunkt stellt. Dafür müsste in jedem Land ermittelt werden, wie viel

Naturschätze dort vorhanden sind: wie viel sauberes Wasser, Wald, fruchtbarer Boden, wie viele Arten etc. Danach müsste jede Bemessung von Wirtschaftsaktivitäten rückkoppeln, ob Natur verbraucht worden ist – zum Beispiel beim Spritverbrauch, beim Abholzen, in der Agroindustrie. Oder ob sogar der Erhalt der Natur befördert wurde, so dass das Land letztlich am Ende reicher dasteht. Das wäre beim Bau eines Windparks eher der Fall als bei der Errichtung eines Atomkraftwerks.

Die Ablehnung eines blinden Wachstumsindikators ist damit keine Absage an wirtschaftliches Wachstum. Sondern es ist eine Absage an die Verschwendung endlicher natürlicher Ressourcen.

Das strategische Ziel neuer Berechnungsmodelle ist es, adäquate Allianzen für die Umwelt zu schmieden. Allianzen zwischen Umweltaktivisten, Firmen, Konzernen, Kämmerern und Finanzministern. Folglich müssen wir Bewertungs- und Berechnungssysteme installieren, bei denen Kämmerer und Finanzminister am Ende des Jahres auch über den Verbrauch natürlicher Ressourcen Rechenschaft ablegen müssen. Wurde zu viel Natur verbraucht, wären sie dann automatisch in den roten Zahlen, auch wenn die Gesamtsumme aller wirtschaftlichen Aktivitäten gewachsen wäre.

Würde ein solches Ökosozialprodukt als für alle verbindliche Messlatte zugrunde gelegt, wäre es sehr viel einfacher, die vorhandenen Ressourcen zu erhalten. Dieser Paradigmenwechsel ist in der Praxis nur herbeizuführen, wenn die Preise die ökologische Wahrheit spiegeln. Erst dann müssten die Haushaltsverantwortlichen, die Manager, Finanzminister und privaten Haushalte beginnen, konsequent beim Naturverbrauch zu knausern. Es würde sich dann zum Beispiel rechnen, eine Parkfläche nicht zu teeren, sondern Pflastersteinrauten so zu legen, dass sie ein stabiles

Netz bilden, zwischen dem Gras wächst, das Regen versickern lässt, statt Luft und Erde hermetisch abzuschließen und damit einen natürlichen Kreislauf zu unterbrechen. Bei geänderten Koordinaten würden aus Pfennigfuchsern automatisch Naturfuchser.

Den IWF auf den Erhalt
des Ökosozialprodukts verpflichten

Der Erhalt des Ökosozialprodukts muss auch bei den Sanierungsanstrengungen des IWF im Mittelpunkt stehen. Der IWF soll für Währungsstabilität sorgen. Wenn ein Land derart devisenarm wird, dass es nicht mehr zahlen kann und keine Bank ihm mehr Geld leiht, bleibt ihm nur der Gang zum IWF. Ein solches Sicherheitsnetz ist notwendig und sinnvoll, um ein Land vor dem absoluten Chaos zu bewahren. Aber die Auflagen des IWF sind dringendst reformbedürftig. Er muss sich an den jeweiligen Ursachen für die Überschuldung orientieren und sehr viel mehr die langfristige Zukunft eines Landes in den Blick nehmen.

Die Gründe für die Kapitalnot armer Länder sind meist vielfältig. Sie haben externe Ursachen: zum Beispiel den Dollarkurs, ungerechte Terms of Trade, großzügige Kreditvergabe durch Banken ohne ausreichende Risikoprüfung. Andere Ursachen sind hausgemacht: falsche Verwendung von Krediten, Korruption, Kapitalflucht, das Fehlen eines effektiven Steuersystems, Devisenverschwendung für den Luxuskonsum der Oberschicht und für Rüstungsgüter.

Der IWF setzt im Wesentlichen drei Instrumente ein: Er wertet, erstens, die Inlandswährung ab. Dadurch sinken die Exportpreise und steigen die Importpreise. Da die Oberschicht reich ist, begrenzt das – allen Absichtserklärungen zum Trotz – die Wünsche nach Luxusgütern nur mäßig, macht aber Nahrungsmittel für alle teurer. Massiv trifft es in der Regel die Mittelschichten dieser Länder und vor allem die Armen. Die zweite Maßnahme ist die Kürzung der Staatsausgaben. Krankenhäuser und Schulen müssen nun Gebühren und Entgelte verlangen. Staatstätigkeiten werden eingeschränkt, Staatsunternehmen privatisiert, Grundnahrungsmittel nicht mehr subventioniert. Die dritte Maßnahme ist drastische Inflationsbekämpfung: Die Löhne werden blockiert, obwohl die Preise steigen.

Die Primärfolgen sind sozial spürbar, die Sekundärfolgen ökologisch. Zunächst die direkten Folgen: Jeder, der einen festen Lohn hat, verarmt, also die kleine Mittelschicht von Arbeitern und Angestellten. Viele werden in die Unterschicht abgedrängt, einige radikalisieren sich. Schulbildung wird zum Privileg der Bessergestellten und der Söhne.

Arme Menschen verarmen noch mehr, sie können sich selbst Grundnahrungsmittel kaum noch leisten. Brotaufstände als Reaktion auf eine »IWF-Sanierung« sind keineswegs nur eine Erscheinung der Vergangenheit.

Direkte Folge der IWF-Maßnahmen ist also eine wirtschaftliche Verschlechterung für die untere und mittlere Schicht. Die daran seit langem vom UN-Kinderhilfswerk (UNICEF), von UNDP, der Weltgesundheitsorganisation (WHO) und der UN-Kultur- und Bildungsbehörde UNESCO geübte Kritik hatte nur unzureichende Korrekturen zur Folge.

Die Sekundärfolgen wurden bisher weniger beanstandet als die Primärfolgen, obwohl auch sie fatal sind. Wenn allein Export Gewinne bringt, ist es für die Oberschicht beispielsweise kurzfristig lukrativ, Wälder zu roden, um Plantagen für Cash-crop anzulegen, oder Küstenabschnitte an Shrimpsfirmen zu verkaufen.

Die verarmende Bevölkerung muss, um zu überleben, vielfach Raubbau betreiben. Wer sich kein Kerosin zum

Kochen mehr leisten kann, sucht wieder Brennholz, Kuh-
fladen oder Ziegenperlen. Dadurch verarmt der Boden. Wer
sein Land verliert, verdingt sich bei einer Holzfirma. Der
Raubbau an der Natur wird so durch zwei Gründe forciert:
aus Armut ebenso wie aus Gewinnstreben.

Das Ökosozialprodukt sinkt also durch die jetzigen
Strukturanpassungsprogramme des IWF sogar. Ihn auf eine
Politik zu verpflichten, die neben der Währungsstabilität
auch dem Erhalt des Umwelterbes Priorität einräumt, bedarf eines starken Gegenspielers im Rahmen der Vereinten
Nationen. Deshalb müssen die Umweltstrukturen der Vereinten Nation ausgebaut und gestärkt werden.

Der ökologische Fußabdruck

Die Bundesregierung hat mit der Ökosteuer, der LKW-
Maut und anderen Instrumenten begonnen, die Preise den
realen Kosten anzunähern. Die Politik kann auch ökolo-
gisch sinnvolle Alternativangebote fördern wie ökologische
Landwirtschaft, ÖPNV, Radwege und den Ausbau des
Schienennetzes.

Ein Problem bleibt: Wie können wir über Preissignale
hinaus Menschen dafür interessieren, über Optimierungs-
angebote nachzudenken? Sich die Frage zu stellen: Wie viel
Natur braucht man am Tag? Denn die meisten Tätigkeiten
setzen in irgendeiner Weise die Verwertung von Natur voraus: Essen, Trinken, Mobilität, Lesen (Bücher/Zeitun-
gen/Strom und Hardware für Computer), Arbeit, Freizeit.

Ein Denkmodell ist der ökologische Fußabdruck von
Mathis Wackernagel und William Rees. Der ökologische
Fußabdruck berechnet pro Person die Fläche, die für den
gesamten Pro-Kopf-Ressourcenverbrauch benötigt wird.
Eingerechnet werden fossile Energie, Ackerfläche, Wald,

Weiden und überbautes Land. Daraus wird der Fußabdruck zu Land errechnet, hinzugefügt wird dann noch der Fußabdruck im Meer.

Kaffee und Fahrrad oder Zeitung und faulenzen?

Den Ressourcenaufwand für den eigenen Verbrauch überhaupt zu erkennen, wird durch Globalisierung und Verstädterung immer schwieriger. Sie tragen eindeutig zu Entfremdung bei: Man kauft alles im Supermarkt. Wer Äpfel, Zucchini, Erdbeeren, Salat, Tomaten, Kartoffeln im Garten oder auf der Datsche zieht, hat eine sehr viel bessere Vorstellung davon, wie viel Land dafür gebraucht wird. Wer das Feld regelmäßig gießen muss, bekommt annähernd eine Vorstellung vom Wasserverbrauch.

Es ist sehr aufschlussreich, einmal den eigenen Fußabdruck an einem Tag zu berechnen. Ob man die Tageszeitung in die graue Tonne wirft – oder aber in die blaue, damit sie recycelt wird, macht dann einen großen Unterschied. Im Fußabdruck-Modell entspricht das etwa einer Tasse Kaffee, die man genießen kann. Ob man zur Dose oder zur Pfandflasche greift, ob man Wasser oder Bier trinkt – alles schlägt unterschiedlich zu Buche. So wie es Kalorientabellen gibt, so könnte man auch Fußabdruck-Tabellen machen, für Produkte und genutzte Dienstleistungen, Geräte etc.

Oder: Fahrradfahren. Es wird im Fußabdruck-Modell selbstverständlich sehr viel besser bewertet als U-Bahn, Bus und Auto. Man braucht – falls der Weg weit ist – nur ein besseres Frühstück, aber keinen Treibstoff, kaum Fläche, kaum Material für das Transportmittel.

Wer wirklich durchsetzen will, dass alle Menschen gleichwertige Nutzungsrechte haben, für den ist der ökologische Fußabdruck ein gutes Instrument zur Berechnung und zur

Minimierung des Ressourcenverbrauchs. Er eignet sich auch sehr, um andere zu überzeugen. Man kann damit künstliche Preise korrigieren: Wie viel müssten Erdbeeren im Winter kosten – und wären sie mir das wert?

Der ökologische Fußabdruck zeigt sehr deutlich die Unterschiede zwischen Nord und Süd. Bisher beansprucht ein Deutscher im Schnitt statt der global pro Kopf verfügbaren 2 Hektar 5,21 Hektar, ein Inder im Durchschnitt 0,8 Hektar.

Die Konsequenz, die Bewohner der Industrieländer aus einem zu großen Fußabdruck ziehen sollten, braucht nicht Verzicht zu sein. Benötigt werden effizientere Techniken. Denn weil die Umweltressourcen begrenzt sind, wird die große Zahl der Menschen im Süden ohne verbesserte Techniken weder an unserem Wohlstand teilhaben noch eine ähnliche hohe Lebenserwartung erreichen können wie wir. Ich teile nicht den Skeptizismus, dass die Effizienzrevolution durch Mehrverbrauch sofort kompensiert würde.

Den ökologischen Fußabdruck schätze ich als Denkmodell, als Mittel der Überzeugung. Politisch handhabbarer sind Berechnungsmodelle, wie sie das Wuppertal Institut entwickelt hat.

Da kriegst du doch einen FIPS

Das Wuppertal Institut berechnet nicht den Verbrauch pro Kopf, sondern pro Produkt und Dienstleistung. Damit liefern diese Berechnungsmodelle Anhaltspunkte dafür, wie ökologische Kosten eine Grundlage für Preise darstellen könnten. Da kann man bei mancher alltäglichen Verrichtung einen FIPS bekommen – wie wir im Norden sagen, wenn wir nicht wissen, wo uns der Kopf steht.

Doch hier ist nicht die umgangssprachliche Bedeutung

gemeint. FIPS misst die Flächenintensität eines Produkts. Sascha Kranendonk hat ausgerechnet, dass in Brasilien 24 Quadratmeter Land mit Orangenbäumen bepflanzt werden müssen, um den (Orangen-)Saftdurst eines einzigen Deutschen zu stillen. Hochgerechnet auf alle Deutschen ergibt das eine Fläche von 150 000 Hektar – das ist dreimal so viel wie die gesamte Obstanbaufläche Deutschlands.

Ein anderer Indikator ist MIPS. MIPS misst die Materialintensität pro Service-Einheit, also wie viel Material ein dienstleistungsfähiges Produkt – wie ein Auto, eine Waschmaschine, eine Zeitung – verbraucht. Gemessen wird die Umweltbelastung von der Herstellung des Produkts bis zu seinem Ende auf dem Müll oder in der Wiederverwertung.

Man kommt dabei zu erstaunlichen Ergebnissen: Mitunter kann Plastik aufgrund seiner Haltbarkeit sinnvoller sein als ein »natürlicher« Rohstoff. Entscheidend ist nicht nur, wie viel Ressourcen aufgewandt werden müssen, um zum Beispiel ein Auto herzustellen, sondern auch sein Ressourcenverbrauch in Betrieb, der Ressourcenverbrauch durch Reparaturen, die Lang- oder Kurzlebigkeit des Produkts, der Grad der Recyclefähigkeit und der Ressourcenaufwand für das Recyclen.

Mitberechnet wird dabei auch der Ressourcenumsatz durch den Transport von Rohstoffen, Einzelteilen und Produkten. Die Produktionsstraßen haben sich durch die Globalisierung enorm verlängert: Manche Einzelteile eines Autos werden in China, andere in Brasilien, wieder andere in Europa produziert. Zusammengebaut wird dann alles in den USA oder in Mexiko. Als Exportprodukt wandert das Auto wieder um die Welt und als Schrott womöglich noch ein letztes Mal nach Indonesien oder Indien. Friedrich Schmidt-Bleek, der Erfinder von MIPS, verweist auf Cadillacs, deren Produktionsstraße (bei Henry Ford 150 Meter lang) mehr als 6 000 Kilometer lang ist. Das MIPS-Konzept würde eine Produktion jeweils möglichst nah beim Verbraucher nahelegen.

MIPS und FIPS ermöglichen es, die Ökoeffizienz von Produkten zu vergleichen, sie zu optimieren, Bilanzen aufzustellen. MIPS, konsequent angewandt, könnte das Design von dienstleistungsfähigen Industrieprodukten und die Gestaltung von Dienstleistungen grundlegend verändern.

MIPS ermöglicht auch eine eindeutige Kennzeichnung. Kaufen wir eine Waschmaschine oder einen Kühlschrank, erfahren wir im Laden bisher nur, wie viel Wasser oder Energie das Gerät braucht. Bei Autos steht eine so klare Kennzeichnung der Energieeffizienz bis heute aus. Der Käufer als globaler Akteur sollte auch wissen, welche Gesamtbilanz das Produkt hat. Welche Stoffströme aufgewandt wurden, um den Kühlschrank oder die Waschmaschine herzustellen, wie lange das Gerät voraussichtlich halten wird, wie gut es reparierbar ist, ob man Teile nach Ende der Funktionsfähigkeit weiterverwenden kann.

Bisher schauen wir bei der Entscheidung, ob wir etwas reparieren lassen, nur auf den Preis und entscheiden dann, ob uns das Produkt noch so viel wert ist. Wichtig wäre aber zu wissen, wie viel Materialeinsatz die Reparatur oder die Reinigung erfordert, ob sie sich auch ökologisch lohnen würde.

Insofern verbergen sich hinter den Abkürzungen neue Möglichkeiten. FIPS und MIPS können eine Grundlage bieten, bestimmte Produkte so zu kennzeichnen, dass der Verbraucher erkennt, ob sie im umfassenden Sinn zukunftsfähig sind. FIPS und MIPS können helfen, eine neue Rechtssetzung zu begründen wie etwa die neue Alt-Auto-Verordnung. Sie schreibt der Automobilindustrie vor, welche Stoffe sie nicht mehr verwenden darf, sie legt Recyclingquoten fest, und sie verpflichtet, alte Autos zurückzunehmen.

Unsere Luft und unsere Meere sollten uns das wert sein

Würde jedes Land eine nationale und würden die Vereinten Nationen eine globale Umweltbilanz erstellen, schlügen die Schäden sich in den Preisen nieder, dann würden sich viele globale Akteure anders verhalten wollen. Mit der Messlatte Ökosozialprodukt würde das globale Naturerbe von einer antizipierten, gedachten Größe zu einer finanzwirtschaftlichen und rechtlichen.

Der internationale Klimaschutz operiert bereits mit einer absoluten Obergrenze für Emissionen und mit Verschmutzungsanteilen, die einzelnen Ländern zugewiesen werden. Wer sie überschreitet, kann Ausgleichsmaßnahmen in anderen Ländern finanzieren. Geschieht das nicht, muss dieses Land für seinen Kredit auf die Zukunft, den es sich einfach genommen hat, Zinsen bezahlen. Es muss in der nächsten Verpflichtungsperiode ein weit größeres Volumen reduzieren.

Das Verursacherprinzip müssen wir aber nicht nur für Staaten einführen, sondern für alle globalen Akteure, für internationale Konzerne ebenso wie für Verbraucher aus der globalen Oberschicht. Sie alle profitieren davon, dass es Naturgüter gibt wie die Ozeane oder die Erdatmosphäre, die man bisher kostenlos nutzen kann.

Das unterscheidet diese Güter von anderen, die in der Rechtssetzungskompetenz von Nationalstaaten liegen. Die achten seit langem darauf, dass gemeinschaftlich genutzte Güter nicht kostenlos verwendet werden. Wer Müll produziert, zahlt für Deponiefläche und Verbrennungsanlage samt Filter oder die mechanisch-biologische Vorbehandlung. Autofahrer zahlen Mineralölsteuer, weil sie Sprit verbrauchen und dabei Abgase freisetzen. LKW zahlen demnächst eine Maut für die Benutzung von Autobahnen.

Zugegeben: Der Staat ist hier bisher nicht konsequent. Manchen Verkehrsträgern erlässt er die Kosten – er subventioniert sie zu Lasten anderer. So fliegt Lufthansa Post von Frankfurt nach Berlin mit steuerfreiem Kerosin, während die Bahn für ihren Treibstoff ebenso Steuern bezahlt wie der LKW. Die Bahn muss zusätzlich die Kosten ihres Weges bezahlen, Gleise instand halten und Bahnhöfe unterhalten. Die Luft nutzt der Flieger kostenlos. Bis zur Einführung der LKW-Maut war auch das Befahren der Autobahn umsonst.

Alle Versuche, diesen Wettbewerbsnachteil der Bahn durch ein Ende der Subvention des Flugverkehrs zu ändern, sind bisher daran gescheitert, dass die EU die Aufhebung der steuerlichen Subvention für den Luftverkehr einstimmig beschließen muss. Dies aber wird von Spanien und Griechenland blockiert. Solange jedoch die EU diese Subvention nicht abbaut, sind Japan und die USA, die ihre nationalen Flüge durchaus besteuern, nicht bereit, sich der europäischen Forderung nach der Aufhebung der Steuerbefreiung auch für Interkontinentalflüge anzuschließen.

Nutzung entgelten ...

Doch mir geht es hier um mehr als nur um die Wettbewerbsgleichheit zwischen unterschiedlichen Verkehrsträgern. Es geht darum, dass globale Gemeinschaftsgüter umsonst genutzt werden. Beim Fliegen wird die Nutzung des Flughafens bezahlt; die Nutzung und Verschmutzung der Luftverkehrsstraße unter anderem mit Treibhausgasen erfolgt zum Nulltarif. Ein Tanker, der quer über die Ozeane Güter transportiert, zahlt Anlegegebühren, der nichts für die Nutzung der Wasserstraßen. Aber alles, was umsonst ist, wird im Allgemeinen gering geschätzt, es ist nichts wert. Unsere Atmosphäre, unsere Meere sollten uns aber viel wert sein.

Deshalb sollte die Nutzung globaler Gemeinschaftsgüter durch Luftverkehr und Schiffsverkehr künftig nur gegen eine Gebühr möglich sein, fordert der WBGU. Die Einnahmen sollen für den Schutz globaler Naturgüter verwandt werden.

Dieses Konzept zeichnet sich durch Einfachheit und eine klare Zweckbestimmung aus. Es bedarf – anders als bei der überfälligen Lösung der Frage der Kerosinbesteuerung – nicht endloser Verhandlungen in der Internationalen Zivilluftfahrtorganisation ICAO (International Civil Aviation Organization). Es kommen selbst bei kleinen Entgelten ansehnliche Beträge zusammen.

Voraussetzung ist allerdings, dass dieses Konzept transparent und ohne Ausnahmen umgesetzt wird. Zwar wäre es nach dem Verursacherprinzip nicht ganz gerecht, wenn ein Flug nach München genauso mit einem Euro belastet würde wie der nach New York, aber eine solch einfache Lösung wäre leichter durchzusetzen. Allerdings sollte man den verkehrsmindernden Effekt nicht überschätzen: Selbst eine vollständige Besteuerung angesichts aktueller Treibstoffkosten von 11 % pro Flug würde das Wachstum des Luftverkehrs nur begrenzt verlangsamen.

Die Kostenvorteile, in Kenia statt in der Eifel Blumen zu züchten und sie über Nacht hier einzufliegen, beruhen nämlich nicht nur auf billigen Transportkosten, sondern auch auf niedrigen Arbeitskosten in Kenia. Die Heizkosten in der Eifel unterscheiden sich beträchtlich von denen am Äquator, und die Möglichkeit, die Ressource Wasser in Kenia zum Nulltarif verschwenden zu können, ist ebenfalls ein relevanterer Faktor als das Kerosin.

Die Nutzungsentgelte sind vor allem eine zusätzliche Möglichkeit zur Finanzierung globaler Umweltmaßnahmen im Süden. Ich gehe von einer hohen Akzeptanz solcher Nutzungsentgelte aus, wenn die Mittel strikt zweckgebunden verwandt werden – für Klima- und Hochwasserschutz, Wiederaufforstungsprojekte oder Schutz bedrohter Tierarten –, und wenn sie niedriger als die Sicherheitsgebühren der Flughäfen bleiben.

Die Forderung nach Aufhebung der Kerosinsteuerbefreiung hat vielfach zu der – irrtümlichen – Annahme geführt, »dann können nur noch Reiche fliegen«. Aus Sicht vieler Bürger hätte diese »weitere« Steuer letztlich dazu dienen sollen, dass man weniger fliegt. Eine andere Schlussfolgerung schien nicht denkbar. Dies wäre bei einer strikten und plausiblen Zweckbindung der Nutzungsentgelte anders. Tatsächlich erklären viele, auch viele Flugtouristen, sie seien bereit, einen Beitrag zu globaler Gerechtigkeit und zum Schutz der Natur zu leisten.

Gelegentlich stellen sie das sogar unter Beweis. Als eine deutsche Charterfluggesellschaft vor Jahren ihre Urlauber aufrief, ihren Müll von den Malediven wieder mit zurückzunehmen, und dafür Säcke ausgab, war die Bereitschaft der Touristen dazu überwältigend. Die Notwendigkeit, die Korallenriffe zu schützen, leuchtete unmittelbar ein. Die Aktion fand übrigens deshalb ein Ende, weil der »Import« des Mülls nach Deutschland von den deutschen Behörden gestoppt wurde. Aber genau an diese Bereitschaft der Malediven-Urlauber knüpft die Idee der Nutzungsentgelte an.

Der Weltgipfel für Nachhaltige Entwicklung in Johannesburg 2002 muss an der Wurzel ansetzen, muss das Vorsorgeprinzip durchsetzen. Die Staaten sollten sich zum Beispiel nationale Ziele setzen, bis wann sie einen bestimmten Anteil erneuerbarer Energien erreichen wollen. Dabei geht es um für alle Länder individuell erreichbare, aber anspruchsvolle jährliche Steigerungsraten. Statt eines verbindlichen Ziels für alle soll das Erreichen des selbst gesteckten Ziels international verbindlich werden.

Für die westlichen und östlichen Industrie- und Schwellenländer hieße das: Atomenergie und fossile Energie schrittweise durch erneuerbare zu ersetzen und Ressourceneffizienz zu forcieren. Für Länder des Südens hieße das: von vornherein auf erneuerbare Energien und auf Energieeffizienz zu setzen, die Fehlentwicklungen des Nordens nicht zu kopieren.

Von globaler Gerechtigkeit kann erst gesprochen werden, wenn die Lebenserwartung in Nord und Süd in etwa gleich ist und wenn Bildungs- und Rechtssysteme so weit fortgeschritten sind, dass sie Arm und Reich, Frauen und Männern, ländlicher und städtischer Bevölkerung Wahlmöglichkeiten für die persönliche Lebensgestaltung eröffnen.

Johannesburg könnte ein übergreifendes Ziel formulieren: einen global vergleichbaren, ökologisch vertretbaren Pro-Kopf-Verbrauch von Ressourcen zu erreichen, auf den sich Nord und Süd einpendeln sollten. Nur das wäre global gerecht.

3. Globale Gerechtigkeit – eine Vision, die erreichbar ist

Wahrscheinlich werden 2050 etwa 9,5 Milliarden Menschen auf der Erde leben. Sollen sie alle wenigstens das Wohlstandsniveau Europas aus den 70er Jahren haben, ist das nur durch die Gleichzeitigkeit von ökologischen und sozialen Reformen möglich. Diese Reformen müssen global wirken – und die Länder des Nordens sind gefordert, eine Vorreiterrolle zu übernehmen.

Bisher müssen Wirtschafts-, Verkehrs-, Umwelt- und Energiepolitiker bei all ihren Reformvorschlägen nachweisen, dass ihre Konzepte das volkswirtschaftliche Wachstum fördern, zumindest langfristig. Auf keinen Fall dürfen sie es behindern. Nicht Umweltschutz und auch nicht Arbeitsplätze haben oberste Priorität, sondern Wirtschaftswachstum. Obwohl es dieses Instrument offiziell gar nicht gibt – nicht einmal das Wortmonster ist existent –, unterliegen alle Entscheidungen de facto einer informellen Wirtschaftswachstumsverträglichkeitsprüfung, die allerdings nur die unmittelbaren Konsequenzen für das laufende Jahr berücksichtigt.

Das ist ökologisch und sozial fatal. Wir müssen deshalb den Spieß umkehren: Die Wirtschafts-, die Verkehrs-, Bau- und Energiepolitiker müssten künftig bei all ihren Konzepten nachweisen, dass sie zum Erhalt der globalen natürlichen

Lebensgrundlagen beitragen oder sie zumindest nicht gefährden. Oberstes Ziel für Verkehrs-, Bau-, Energie-, Agrar- und Wirtschaftspolitik muss es werden, eine ressourcensparendere Lebensweise zu fördern. Deshalb wurde die Umweltverträglichkeitsprüfung in den Jahren der rot-grünen Regierung ausgeweitet. In Europa gar soll sie nicht nur Projekte umfassen, sondern wird künftig auch bei Plänen und Programmen eine Rolle spielen.

Amory Lovins und Peter Hennicke haben ausgerechnet, dass bei einer jährlichen globalen Effizienzsteigerung von knapp 2 % ökologisch vertretbarer Wohlstand für alle zu erreichen wäre. Diese Vision ist der Realität sehr viel angemessener als das, was als alternativlose Realpolitik dargestellt wird.

Um die konkrete Utopie ökologisch vertretbaren Wohlstands für alle zu verwirklichen, müssen wir so wenig Ressourcen wie möglich einsetzen, diese aber optimal nutzen. Mehr Wohlstand erfordert nicht unbedingt Wachstum. Selbst Wachstum erfordert nicht wachsenden Ressourcenverbrauch, das belegen Lovins und Hennicke mit zahlreichen konkreten Beispielen. Frappierend ist, dass Lovins und Hennicke bei ihrem »Faktor-4«-Szenario die Vorlieben von Menschen einkalkulieren. Sie setzen nicht den besseren Menschen voraus.

Allein in Deutschland werden pro Jahr 2 Millionen Kilowattstunden (kWh) für nutzlose Stand-by-Schaltungen bei Fernsehern und Stereoanlagen verschleudert. Die beiden Wissenschaftler fordern die Leute nicht auf, zum Gerät zu gehen und zum Zapping oder zum Wechsel zwischen Musikstücken wieder Knöpfe zu drücken – zumal das bei vielen Fernsehern, Videorecordern, CD- und DVD-Playern gar nicht mehr geht. Nein, Lovins und Hennicke verweisen auf einen bereits entwickelten Chip, der die Energienutzung der Stand-by-Schaltung um den Faktor 20 reduzieren würde.

Die Alternative sind nicht Stagnation oder Verzicht. Sondern wir müssen das Wirtschaftswachstum vom Ressourcenverbrauch abkoppeln. Dafür brauchen wir ein ökologisches Fundament und ökologische Koordinaten für das gesamte Finanzwesen, für die Wirtschaft insgesamt. Wir müssen Mobilität auf das notwendige Maß reduzieren und ressourcenschonender gestalten.

Damit solche Veränderungen global wirken können, müssen wir dort beginnen umzusteuern, wo der Ressourcenverbrauch am größten ist – wo aber auch das Geld und das Wissen für eine Wende reichlich vorhanden sind: in den fehlentwickelten Gesellschaften des Nordens. Die globale Wende zu Gerechtigkeit und Zukunftsfähigkeit muss hier beginnen. Eine globale Neuorientierung ist möglich.

Ich möchte das an vier Bereichen verdeutlichen: Energie, Verkehr, Landwirtschaft und dem Schutz der Wälder.

DIE ENERGIEWENDE IM NORDEN ALS GLOBALE HERAUSFORDERUNG

Bis Goslar am Nordseestrand liegt, dürfte zum Glück noch einige Zeit vergehen. Aber sicherheitshalber werden bereits heute die Deiche an der deutschen Nordseeküste um einen halben Meter erhöht. Denn sicher ist: Der Klimawandel hat bereits begonnen. Es geht nicht mehr um das Ob, sondern darum, wie stark er ausfällt.

Der Anteil von Kohlendioxid in der Atmosphäre ist seit dem Jahr 1750 um fast ein Drittel gestiegen, von 280 auf 360 parts per million. Damit ist beim wichtigsten aller Treibhausgase das höchste Niveau seit rund 20 Millionen Jahren erreicht worden. In den letzten beiden Jahrzehnten betrug die Zunahme sogar rund 1,5 parts per million pro

Jahr. Dieses Tempo ist zumindest für die letzten 20 000 Jahre beispiellos.

Wichtigste Ursache dafür ist die Verwendung fossiler Brennstoffe wie Erdöl, Kohle und Gas, bei der unvermeidbar Kohlendioxid freigesetzt wird. Die Menschheit – vor allem die globale Oberschicht – verbrennt heute pro Jahr eine Menge fossiler Energie, für deren Herstellung die Erde 500 000 Jahre benötigte.

Die Kohle-, Erdöl-, Erdgas- und Uranvorräte sind endlich. Ob sie 2050 oder 2070 erschöpft sein werden, ist nicht das zentrale Problem. Denn nicht nur die Vorräte, sondern auch der Müll ist die Achillesferse der nuklear-fossilen Lebensweise. Der inzwischen produzierte Atommüll bürdet künftigen Generationen ungefragt und unwiderruflich die Verantwortung für Plutonium und andere Gifte auf. Spätere Generationen müssen unsere Verschwendung ausbaden. Die CO_2-Emissionen zerstören das Dach des Hauses, die Erdatmosphäre. Die fossile und die atomare Energieproduktion sind eine Hauptursache von Ungerechtigkeit zwischen Weltregionen und zwischen den heute Lebenden und ihren Nachfahren.

Ein Anstieg der globalen Durchschnittstemperatur um 1,4 bis 5,8 Grad Celsius würde den Meeresspiegel erheblich ansteigen lassen und die Klimazonen verschieben. Dann würde die Sahelzone noch sehr viel unwirtlicher, die Trockengebiete dehnten sich bis in den nördlichen Mittelmeerraum aus. Der Klimawandel trifft viele der ärmsten Länder, zum Beispiel Mauretanien, Äthiopien und Bangladesh. Die Zahl der Umweltflüchtlinge stiege daher stark an und könnte in manchen Regionen zu Kriegen um bewohnbares Land führen. Bei uns würde es wärmer und regenreicher. Ob sich dann die Malaria bis nach Mitteleuropa ausbreiten würde, ob der Golfstrom seine klimaregulierende Funktion behielte – wir wissen es heute nicht.

Die Neustrukturierung der Energiewirtschaft im Norden

ist notwendig, um den Klimawandel zu begrenzen und um den Menschen im Süden Entwicklungsspielräume zu geben. Der Energieverbrauch wird weltweit steigen, weil die Weltbevölkerung wächst und weil mehr Menschen im Süden am Wohlstand teilhaben sollen. Es werden global mehr Licht und mehr Wärme gebraucht werden, mehr Computer, Fernsehgeräte und Kühlschränke. Also darf das einzelne Gerät künftig nur noch einen Bruchteil der heute benötigten Energie verbrauchen. Wir müssen Anreize schaffen zu forschen, zu experimentieren und die effizienteren Geräte dann in Serie zu produzieren. Wir brauchen eine globale Energiewende.

Die rot-grüne Bundesregierung hat in den letzten drei Jahren die Weichen für eine grundlegend neue Energieversorgung gestellt, für einen Energiemix, der uns sehr viel unabhängiger von Ölimporten machen wird. Wir haben es geschafft, Wirtschaftswachstum und Energieverbrauch zu entkoppeln und die CO_2-Emissionen zu senken. Eine Wende ist also auch in einem großen Industrieland möglich, wenn verschiedene Instrumente so aufeinander abgestimmt werden, dass sie sich in ihrer Wirkung gegenseitig verstärken.

Die Energiewende basiert auf drei Säulen: Ausstieg aus der Atomkraft, Ausbau erneuerbarer Energien, Effizienz bei der Nutzung und Umwandlung von Energie.

Wie deckt die Menschheit heute ihren Energiebedarf?

Global basiert die Energieversorgung zur Zeit zu 80% auf fossilen Energieträgern, zu 6% auf nuklearen und zu 14% auf erneuerbaren. Ein großer Teil der erneuerbaren entfällt auf die Wasserkraft und auf ineffizientes Verbrennen von Holz zum Kochen. Das ist im Süden auf dem Land, also für zwei Drittel der Menschheit, oft der einzige Zweck, zu dem Energieträger eingesetzt werden.

113

Nach den Prognosen der Internationalen Energie-Agentur soll sich der weltweite Energieverbrauch zwischen 1997 und 2020 um 57 % erhöhen. Das würde bei einem Anteil von 80 % fossiler Energieträger eine Katastrophe für Klima, Mensch und Umwelt bedeuten.

Die Stromerzeugung basiert heute global zu 19 % auf Wasserkraft, zu 18 % auf Atomenergie und zu gut 60 % auf der Verbrennung fossiler Energieträger wie Erdöl und Erdgas. Atomkraftwerke decken in vielen Industrie- und Schwellenländern einen Teil der Grundlast ab. Auch Kohle wird verbrannt, um die Grundlast zu decken, da Kohlekraftwerke ebenfalls zu schwerfällig sind, um bei Bedarf Spitzen auszugleichen. Flexibel, effizienter und CO_2-ärmer sind dagegen Gaskraftwerke – flexibel, effizient und CO_2-neutral sind Biogasanlagen.

Deutschland hat in den vergangenen dreieinhalb Jahren demonstriert, dass eine Energiewende in relativ kurzer Zeit möglich ist, wenn man die Weichen richtig stellt.

Am größten ist das Potenzial der Einsparung von atomarem oder fossilem Energiemüll durch Effizienztechniken. Um dafür Anreize zu geben, müssen wir Energie zum raren, zum wertvollen, zum teuren Produkt machen. Das heißt, wir müssen sinnlose Überproduktion stoppen, die nur zur Verschwendung führt. Denn Überproduktion, also vor allem die nur grundlastfähigen Atomkraftwerke sind eine Hauptursache des Übels.

Mit Atom das Klima schützen?

Der britische Chemiker James Lovelock, Begründer der Gaia-Theorie von der Erde als lebendem Organismus, plädiert für den Einsatz von Kernenergie zur Verhinderung einer Treibhauskatastrophe. Lovelock möchte den Teufel

Klimawandel mit dem Beelzebub Atomkraft austreiben. Lovelocks These führt zum genauen Gegenteil von Klimaschutz. Denn er hat eines übersehen: Die beiden Teufel verstehen sich prächtig und helfen sich, wo sie nur können.

Andersherum wird ein Schuh daraus: Der Ausstieg aus der Atomenergie ist eine notwendige Voraussetzung für effektive Klimapolitik. Wer – wie James Lovelock – Energiepolitik auf die Wahl der Energieträger reduziert, bewegt sich auf der gleichen ›argumentativen‹ Ebene wie die deutsche Steinkohlelobby und US-Vizepräsident Dick Cheney, der meint, die Energiekrise der USA sei Folge eines unzureichenden Angebots billiger Energie. Richtig ist das Gegenteil: Die Energiekrise der USA ist Folge eines jahrelangen Überangebots zu billiger Energie.

Es gibt viele Gründe für den Atomausstieg: Das Uran dieser Welt reicht bei weitem nicht so lange, wie das Kohlendioxid in der Atmosphäre verbleibt – Lovelocks Perspektive ist also auch aus diesem Grund wenig zukunftsfähig. Der Abbau von Uran führt in vielen Ländern zu einer ökologischen Katastrophe und schädigt die Gesundheit der Bergleute sowie der ansässigen Bevölkerung. Die Risiken beim Betrieb der Atomkraftwerke sind immens. Es ist ein Skandal, dass jetzige Generationen ihren Kindern und Enkeln das Erbe strahlenden Atommülls aufbürden. Seit dem 11. September gibt es noch ein weiteres sehr gewichtiges Argument: Atomkraftwerke sind potenzielle Ziele global agierender Terroristen.

Schon deshalb wird die Atomkraft keine Zukunft haben. Aber auch aus Gründen des Klimaschutzes darf sie keine Zukunft haben. Es scheint paradox: Die USA betreiben gut ein Viertel der Atomkraftwerke der Welt. Die USA emittieren trotzdem mehr als ein Viertel der Treibhausgase der industrialisierten Welt – pro Kopf mehr als doppelt so viel wie ein EU-Bürger. In den USA würde diese Koinzidenz vielleicht genügen, um eine Klage auf Schadensersatz ein-zureichen – eine Kausalität ist mit dieser Feststellung aber natürlich noch nicht bewiesen.

Wer also meint, die USA würden, weil sie ein Viertel der globalen Atomkraftwerke betreiben, die Emission von Treibhausgasen reduzieren, irrt. Sie produzieren so viel Treibhausgase, weil sie unter anderem so viel Atomkraft nutzen. Es gibt keinerlei Anreiz zum Energiesparen. Also werden große Mengen verbraucht und folglich noch größere Mengen produziert.

Das klimapolitische Problem der Atomkraft verbirgt sich hinter dem harmlosen Wort »Grundlast«. Man kann Atom-kraftwerke nicht mal eben rauf- oder runterfahren, weil gerade mehr oder weniger Energie gebraucht wird. Am Tag und in der Nacht erzeugen Atomkraftwerke kontinuierlich die gleiche Strommenge. »Grundlast« eben, die auch in den verbrauchsschwächeren Zeiten verkauft werden will. Um dies anzuregen, werden Vergünstigungen für den Bezug von so genanntem Nachtstrom gewährt. Deshalb wird der ver-edelte Energieträger Strom oft für simple Wärmeerzeugung verschleudert. In den USA ist es üblich, Licht und elektri-sche Geräte auch bei Abwesenheit nicht abzuschalten. Oder: Warum sollte man den Raum zwischen der dünnen Hartfa-serplatte an der Außenwand und der Gipskartonplatte innen mit Isoliermaterial füllen, wenn man mit billigem Strom doch per Klimaanlage den Raum temperieren kann?

Jedes Angebot schafft sich seine Nachfrage, das gilt auch für Atomstrom: In Frankreich etwa ist der Stromverbrauch auf Grund des hohen Anteils von Atomstrom pro Person um rund 30 Prozent höher als in Deutschland. In den USA hat sich ein *Way of life* entwickelt, der von extensivem Stromverbrauch und einer beschämend niedrigen Energie-effizienz geprägt ist – beim Benzinverbrauch, bei der Ge-bäude-Isolierung, in der Industrie.

116

Die gesamte Infrastruktur unserer Stromnetze ist zur Zeit noch an die technischen Begrenzungen der Grundlast angepasst. Eine der größten Schwierigkeiten, vor denen die Planer von Offshore-Windparks stehen, ist die Tatsache, dass die mit ihnen um Netzkapazität konkurrierenden Atomkraftwerke eine flexiblere Netzsteuerung verhindern – weil sie auf Angebotsschwankungen aus dem Windbereich nicht flexibel reagieren können. Atomkraftwerke behindern also ganz praktisch den Ausbau erneuerbarer Energien.

In einem zukunftsfähigen Stromnetz sind an Stelle der Atom-Grundlast eine nachfrageabhängige Stromproduktion und Netzsteuerung erforderlich. Dazu eignen sich am besten Kraftwerke, deren Last schnell verändert werden kann. Diese Anforderung erfüllen etwa moderne Gas- und Dampfkraftwerke auf Erdgasbasis. Auch Biomassekraftwerke können ihre Energieproduktion den Erfordernissen anpassen. Dies funktioniert sehr gut in einer dezentralisierten Struktur, in der Produktion und Verbrauch in kleinen Blockheizkraftwerken und Brennstoffzellen zusammenfallen – in so genannten virtuellen Großkraftwerken.

Doch es geht nicht nur um den Ausbau erneuerbarer Energien. Es geht auch um mehr Effizienz. Die rationelle Energieverwendung bietet derzeit die weitaus größten Potenziale zur Klimavorsorge und zur Ressourcenschonung.

Die Energiewende in Deutschland demonstriert in einem der größten Industriestaaten, dass die Energiewende möglich ist. Unsere wichtigsten Instrumentarien werden bereits von anderen aufgegriffen: so der Atomausstieg per Laufzeitbeschränkung von Belgien und Schweden – allerdings wird dort mit 40 Jahren Reaktorlaufzeit kalkuliert an Stelle der 32 Jahre Gesamtlaufzeit in Deutschland. Das in Berlin vor zwei Jahren verabschiedete Erneuerbare-Energien-Gesetz dient schon als Modell für eine ganze Reihe von Regelungen in und außerhalb Europas von Frankreich bis Brasilien.

Die konkrete Gestaltung der Energiewende, Beispiel: Deutschland

Ein Anstieg der globalen Durchschnittstemperatur von mehr als zwei Grad gegenüber der Zeit vor der Industrialisierung wäre für die Menschheit eine derart große Bedrohung, dass sie auf jeden Fall vermieden werden muss. Deshalb fordern Wissenschaftler, die Industriestaaten sollten ihre CO_2-Emissionen bis 2050 um 80% gegenüber den Emissionen im Jahr 1990 senken. Die Europäische Union als Vorreiter beim Klimaschutz hat sich zu Reduktionen von 8% bis 2012 verpflichtet. Wollte sie das für 2050 geforderte Ziel erreichen, müsste die EU bis 2020 ihre Emissionen um mehr als 20% vermindern.

Vorreiter beim Klimaschutz

Die Bundesrepublik hat zugesagt, bis 2008/12 die Emission der sechs wichtigsten Treibhausgase um 21% zu reduzieren (im Vergleich zu 1990). Das ist von allen Industrieländern die ehrgeizigste Quote. Wir haben bis zum Jahr 2000 bereits eine Minderung von 18,4% erreicht – das sind gut 190 Millionen Tonnen CO_2.

Manche verweisen darauf, dass ein Teil dieser Reduktionen den Deutschen vereinigungsbedingt in den Schoß gefallen sei. Das empfinden gerade Menschen im Osten Deutschlands als Zynismus. Natürlich hat die Stilllegung eines alten Braunkohlekraftwerks wie in Vockerode bei Dessau mit einem Wirkungsgrad von gerade 12% die Klimabilanz verbessert – aber zum sozialen und finanziellen Nulltarif waren die so genannten *wallfall-profits* nicht zu haben. Sie wurden zunächst mit Arbeitslosigkeit und einer anhaltenden Staatsverschuldung bezahlt.

118

Die rot-grüne Bundesregierung hat 1999 ein umfassendes Klimaschutzprogramm aufgelegt, das die ambitionierten Versprechungen der Vorgängerregierung mit konkreten, handfesten Maßnahmen untermauerte. Wir haben erstmals für die verschiedenen Sektoren ehrgeizige Ziele festgesetzt – für die Energiepolitik, für den Verkehr und für die privaten Haushalte.

Mit diesen sektoralen Zielen wollten wir einem Problem zu Leibe rücken, dass in den Jahren zuvor immer offenkundiger wurde. Zwar sanken die industriellen Emissionen deutlich. Die Selbstverpflichtung der deutschen Industrie zum Klimaschutz wirkte sich positiv aus. Aber die Verkehrsemissionen lagen fast 10 % über denen von 1990, in den privaten Haushalten stiegen sie um 7 % gegenüber 1990.

Hier hat Rot-Grün eine deutliche Trendwende eingeleitet. Die ökologische Steuerreform zeigte in beiden Bereichen ihre Wirkung. Die Emissionen im Verkehr sanken unter Rot-Grün um gut 2 %, verglichen mit 1990.

Noch beeindruckender fiel die Einsparung bei den privaten Haushalten aus. Sie unterschritten 2001 den Vergleichswert von 1990 um 11,5 %. Das ist – neben der Ökosteuer – Ergebnis der Förderprogramme zur besseren Gebäudedämmung.

Windstrom-Weltmeister

Als Rot-Grün im Oktober 1998 die Regierung übernahm, wollte gerade die letzte Solarfirma aus Deutschland abwandern. Inzwischen wird in Hameln die vierte neue Solarfirma gebaut. Enercon und der Enercon-Chef Aloys Wobben, vor Jahren noch als Tüftler aus Aurich belächelt, ist inzwischen der größte gewerbliche Arbeitgeber in Magdeburg. Das vor zehn Jahren nicht einmal mittelständische Unternehmen aus Ostfriesland hat heute Niederlassungen in 19 Ländern. Bei der Hannover-Messe 2002, der größten Industriemesse der Welt, brauchte sein Stand keinen Vergleich mit großen Energieunternehmen wie der französischen EDF oder mit RWE zu scheuen.

Inzwischen arbeiten in Deutschland 130 000 Menschen in der Jobmaschine erneuerbare Energien. Tendenz steigend. Das Schweizer Forschungsinstitut PROGNOS kommt in einer Studie zu dem Ergebnis, dass eine Minderung der CO_2-Emissionen in Deutschland um 40 % bis zum Jahr 2020 nicht nur machbar ist, sondern auch 200 000 neue Arbeitsplätze zusätzlich schafft.

Wir bauen im Bereich der erneuerbaren Energien und der effizienten Energienutzung neue Wirtschaftszweige für Produkte auf, die im eigenen Land sowie im Ausland immer gefragter sind. Neue Exportchancen verbürgen zukunftssichere Arbeitsplätze.

ABB Mannheim hat gerade in Kanada den Auftrag für den größten Windpark Nordamerikas im Wert von 1 Milliarde Euro erhalten. Kalifornien importiert aus Deutschland Gaskraftwerke mit einer Effizienz von 90 %. Deutsche Solarfirmen haben im Ausland einen guten Ruf und Wettbewerbsvorteile, bei der Fotovoltaik speziell im Bereich der Wechselrichter und bei elektronischen Bauteilen, bei der Solarthermie vor allem bei der Speicher- und Regeltechnik. Die Vorreiterrolle der deutschen Klimaschutz- und Energiepolitik lohnt sich auch ökonomisch.

Wir haben es innerhalb der letzten dreieinhalb Jahre geschafft, die Produktion von Strom aus Windkraft zu verdreifachen. Heute wird ein Drittel des Windstromes der Welt in Deutschland produziert.

Helmut Kohl hat dem Osten einst »blühende Landschaften« versprochen. Wir nehmen den Mund nicht so voll. Aber ich freue mich wirklich sehr, dass der Aufbruch Ost im Umwelt- und Energiebereich so überproportional gut gelingt, dass Mecklenburg-Vorpommern und Sachsen-Anhalt neuerdings mit den alten Ländern Schleswig-Holstein und Nordrhein-Westfalen um die vordersten Plätze bei der Windkraft konkurrieren.

Durch die Windenergie entstehen im Osten auch neue industrielle Arbeitsplätze. Vestas baut in Lauchhammer Flügel und Enercon hat mit einer kompletten Produktionsstätte das Erbe des DDR-Maschinenbaukombinats SKET auf dessen Gelände in Magdeburg angetreten.

Bis zum Jahr 2025 soll der Anteil der Windkraft am gesamten Stromverbrauch auf mindestens 25 % steigen – vor allem durch Offshore-Anlagen. Dafür haben wir erstmalig mit dem neuen Naturschutzgesetz eine sichere Rechtsgrundlage geschaffen. Wir werden das Erneuerbare-Energien-Gesetz anpassen – es muss für den Offshore-Bereich über 2006 hinaus Investitionssicherheit bieten.

Noch vor zehn Jahren hätte es in unserem Land keiner für möglich gehalten, dass wir die Energieversorgung in einer Legislaturperiode in ein neues Koordinatensystem bringen könnten. Der Atomausstieg, das Erneuerbare-Energien-Gesetz (EEG), das 100 000 Dächer-Solarstrom-Programm, die Biomasse-Verordnung und die Ökosteuer haben eine große Dynamik entfaltet. Wir werden unser Ziel erreichen, den Anteil der erneuerbaren Energien bis zum Jahr 2010 zu verdoppeln. Im Jahre 2050 soll die Hälfte des Energiebedarfs aus erneuerbaren Quellen gedeckt werden.

Ausschlaggebend waren zwei Weichenstellungen: der Atomausstieg und die Verabschiedung des Erneuerbare-Energien-Gesetzes vor zwei Jahren. In einem Land wie Deutschland, das 30 % seines Stroms mit Atomkraft deckt, ist der definitive Atomausstieg ein entscheidendes Signal für viele, sich im Energiebereich neu zu orientieren: für große Energieversorgungsunternehmen, für kleine Firmen im Bereich erneuerbarer Energien, für Architekten, Ingenieure und Immobilienbesitzer.

Das Gesetz schuf für diese Neuorientierung stabile Rahmenbedingungen. Das 100 000-Dächer-Programm erhöhte gleichzeitig und unmittelbar die Nachfrage und forderte geradezu heraus, die Produktion auszuweiten. Im Jahr 2001 wurden in Deutschland schon rund doppelt so viel Sonnenkollektoren installiert wie 1998, und auch die Fotovoltaik ist rasant im Aufwind. Im vergangenen Jahr wurde mehr als fünfmal so viel installiert wie 1998.

Der europäische Siliziummarkt ist leergefegt, so dass wir nun darangehen müssen, eine Siliziumproduktion ausschließlich für den Fotovoltaikbereich aufzubauen. Bisher werden für Fotovaltaik nur die Abfallprodukte der hochwertigen Chip-Produktion verwandt, aber die großen Mengen, die heute gefragt sind, fallen dort nicht an. Außerdem wäre eine eigene Siliziumproduktion nur für den Solarbereich sehr viel kostengünstiger.

Erfolg schafft Nachahmer – weltweit

Die Erfolge bei der Energiewende in Deutschland in vier Jahren Regierungszeit machen mich zuversichtlich, dass es gelingen kann, auch global eine Energiewende in Gang zu setzen. Mehrere Länder haben das deutsche Erneuerbare-Energien-Gesetz übernommen. Spanien hat bereits ein Stromeinspeisegesetz und baut zur Zeit erfolgreich die Windenergienutzung aus. Demnächst soll Strom aus solarthermischen Kraftwerken besonders vergütet werden. Brasilien hat im April 2002 eine neue Einspeisevergütung für Windstrom in Kraft gesetzt und zahlt 7,5 Cent pro Kilowattstunde. Indien und Italien bereiten gerade Ausschreibungen für solarthermische Kraftwerke vor. Marokko, Ägypten, Zypern, Mexiko, Südafrika, Saudi-Arabien und Jordanien haben mit Planungen begonnen. Diese Länder haben alle mehr als 2000 Stunden Sonnenschein pro Jahr. Dadurch können sie solarthermische Anlagen optimal nutzen. Auch ohne Speichersystem erreichen sie eine ähnliche Auslastung wie wir mit Windkraftanlagen.

Selbst in den USA, deren Präsident vergeblich Investoren für neue Atomkraftwerke sucht, gibt es ein großes Interesse an der Solarthermie. In Kalifornien haben gerade Kongress und Senat ca. 15 Millionen US-Dollar zur Unterstützung solarthermischer Kraftwerke für das Jahr 2002 bewilligt. Die Trendwende ist von einzelnen rückwärtsgewandten Politikern nicht mehr aufzuhalten. Auch in den USA setzt sich die Einsicht durch, dass Kraftwerke mit einer Energieausbeute von nur 20 % nachgerüstet oder aufgegeben werden müssen. Denn weiter 80 % Energiemüll zu produzieren, demonstriert nur technologische Rückständigkeit.

Effizienz steigern

Genau genommen wird Energie nicht produziert und nicht konsumiert. Wir wandeln sie nur um, um sie nutzen zu können. Diesen Umwandlungs- und Nutzungsprozess aber müssen wir – besonders wenn endliche Ressourcen verwendet werden – effizient gestalten. Das Geheimnis der Effizienz heißt, aus möglichst wenig gespeicherter Energie wie Kohle, Öl oder Gas möglichst viel nutzbare Energie herauszuholen. Also Strom, Wärme oder Kälte. In der Steigerung der Energieeffizienz liegen die weitaus größten Potenziale zur Klimavorsorge und zur Ressourcenschonung.

Energieversorgungsunternehmen sind (meist) Energieverschwender. Sie wandeln Energie nicht effizient um. Atomkraftwerke beispielsweise setzen nur rund ein Drittel der eingesetzten Primärenergie in Strom um, der so genannte Rest – zwei Drittel der Energie – geht als Abwärme in die Luft und die Flüsse. AKW produzieren mehr Müll als Produkt. Kohlekraftwerke verschleudern weltweit noch mehr Energie – Wirkungsgrade von unter 20 % sind noch immer anzutreffen, zum Beispiel im vermeintlichen Hochtechnologieland USA.

Auch Verbraucher sind (oft) Energieverschwender. Standby-Schaltungen für Fernseher, Videorecorder, Drucker, Computer und Fax verbrauchen in Deutschland den Strom von zwei Atomkraftwerken. Ungenügend isolierte Häuser heizen nicht die Wohnung, sondern den Garten und die Straße. Klimaanlagen befördern Allergien und verschwenden ineffizient erzeugten Strom zum Heizen und Kühlen von Wohnungen. Warum mit Strom heizen, wenn die Sonne es besser und billiger kann?

Wir müssen Schluss machen mit der Energieverschwendung – auf der ganzen Linie, von der Umwandlung bis zur Nutzung. Sowohl Unternehmer als auch Verbraucher müssen sich umstellen. Notwendig sind dezentrale und effiziente Kraftwerke mit hohen Wirkungsgraden. Die Energieunternehmen müssen effiziente Gas- und Dampf-Kraftwerke oder Kraft-Wärme-Kopplungs-Anlagen errichten.

Produktionsprozesse müssen energetisch optimiert werden. Energiesparende Geräte müssen eine Marktchance bekommen. Durch die ökologische Steuerreform lohnt es sich nun für jeden, in verbrauchsarme Elektrogeräte, Energiesparlampen, effiziente Heizkessel und bestmögliche Wärmedämmung in Gebäuden zu investieren.

Es ist keinesfalls eine Utopie, sondern schlicht eine Notwendigkeit: Wir müssen dafür sorgen, dass im Jahr 2050 die Hälfte der Energie aus erneuerbaren Quellen stammt. Dafür ist eine rasche Energiewende im Norden erforderlich, und zwar in Bezug auf die Versorgung mit Strom und Wärme.

Wie sieht die Energieversorgung des Nordens
von morgen aus?

In Deutschland wird es im Jahr 2020 keine Atomkraftwerke mehr geben. Zwischen 2010 und 2020 gehen zudem eine Reihe von Kohlekraftwerken altersbedingt vom Netz. Wir müssen also heute die Energieversorgung für das Jahr 2020 planen. Den Ausbau erneuerbarer Energien kann man sehen – Windräder, Solarpanel, Biomasseanlagen.

Das von Rot-Grün vor zwei Jahren verabschiedete Gesetz zur Einspeisung erneuerbarer Energien sieht garantierte Vergütungen und Priorität bei der Einspeisung vor. Selbst wenn man konservativ schätzt, wird allein durch dieses Gesetz der Anteil der erneuerbaren Energien bis 2020 auf 20 % oder mehr anwachsen. Das heißt, der Rest, also etwa 75 % des Stroms, müsste auf der Basis fossiler Energieträger erzeugt werden. Da wir bis dahin die bestehenden Kraftwerke mit Kraft-Wärme-Kopplung (KWK) nachgerüstet haben beziehungsweise Kohlekraftwerke durch moderne Gas- und Dampfkraftwerke (GuD) ersetzt haben werden, werden wir sehr viel weniger fossile Primärenergie benötigen als bisher. Erdgas wird unter den fossilen Energieträgern dann eine erheblich größere Rolle spielen als heute.

Unter den erneuerbaren Energien wird Wind mit Abstand den größten Beitrag liefern. Heute beträgt der Anteil der Windenergie in diesem Sektor 35 %. Da wir vor allem die Offshore-Ernte in Nord- und Ostsee ausbauen, können wir diesen Anteil auf 45 % des (im Jahre 2020 höheren) Anteils von erneuerbaren Energien insgesamt steigern. An zweiter Stelle wird die Biomasse stehen. Ihr Anteil an den erneuerbaren Energien wird durch die Biomasseverordnung steigen, von heute 4 % auf 26 %. Wasserkraft wird auf die dritte Stelle zurückfallen. Ihr Beitrag von heute über 60 % wird auf 21 % sinken – obwohl die absolute Menge an Wasserstrom ein wenig wachsen wird. Fotovoltaik wird von heute 0,2 % auf 3,4 % steigen.

Dreißig Jahre später, im Jahre 2050, müssen die erneuerbaren Energien 65 % des Stroms produzieren. Die restlichen 35 % produzieren dann effiziente fossile Kraftwerke. Innerhalb der erneuerbaren Energie werden sich die Anteile deutlich verschieben: Die Windkraft wird ihre Stellung weiter ausbauen und rund ein Drittel des durch erneuerbare Energien produzierten Stroms liefern. Die Leistung auf See, also die Offshore-Gewinnung, wird deutlich stärker sein als die auf dem Land. In fünfzig Jahren wird sich die Fotovoltaik endgültig durchgesetzt haben und 11 % beisteuern. Biomasse wird gut 13 % liefern, Wasser und Geothermie 7 bis 9 %.

Erneuerbare Energien machen uns von Energieimporten unabhängiger. Heute wird Versorgungssicherheit gern mit dem weitgehend vollständigen Verzicht auf Stromimporte gleichgesetzt. Es wird suggeriert, wenn wir aus der Atomenergie aussteigen, würden wir von Stromimporten nicht nur aus den französischen, sondern auch aus osteuropäischen Atomkraftwerken abhängig. Dabei vergisst man zwei Dinge: Die Bundesrepublik produziert heute mehr Strom als sie verbraucht – sie ist Stromexporteur. Dennoch sind wir heute extrem abhängig vom Energieimport – wir importieren keinen Strom, aber Kohle, Öl, Uran und Gas, um Strom zu erzeugen.

Wir sollten widersprechen, wenn sich jene, die auf diese

alten Technologien setzen, auf Versorgungssicherheit berufen. Der Stromimport etwa aus solarthermischen Kraftwerken in der Sahara wird nie an die heutige 70-Prozent-Abhängigkeit von Energieimporten herankommen. Solche Importe aber hätten gegenüber dem Import von Öl und Kohle zwei große Vorteile – sie trügen nicht zur globalen Erwärmung bei, aber sie wären ein Beitrag zur Überwindung der Armut in einer der ärmsten Regionen der Welt.

Im Wärmebereich wird es etwas länger als auf dem Stromsektor dauern, bis sich die erneuerbaren Energien durchgesetzt haben. Ich erwarte in Deutschland bis 2020 einen Anteil von rund 12 %. Davon wird Biomasse drei Viertel und Solarkollektoren werden ein Viertel liefern. Die Geothermie, bei der wir im Moment noch am Anfang stehen, wird in ein paar Jahren ebenfalls einen Anteil beisteuern.

Wir sind auf einem guten Weg. Wir reduzieren den Energieverlust, wir bauen sehr viel mehr Wärmedämmung ein, und wir installieren Solaranlagen. In Deutschland hat sich die Kollektorfläche seit 1990 verzehnfacht. Sie könnte aber bis 2010 von derzeit 4,3 Millionen Quadratmeter auf 10 Millionen Quadratmeter gesteigert werden.

Im Schnitt werden Häuser alle 50 Jahre einmal grundsaniert. Bestandteil unserer Energiewende ist deshalb auch eine neue Energieeinsparverordnung, die den Energiebedarf um 30 % unter den bisher geltenden Standard senkt. Jedes Gebäude, das jetzt falsch, also unökologisch, saniert wird, bleibt damit voraussichtlich für weitere 50 Jahre Energievernichter. Deshalb stellt die Bundesregierung von 2001 bis 2005 insgesamt 1 Milliarde Euro als Fördermittel für Wärmedämmung und Heizungsmodernisierung in Altbauten zur Verfügung.

Im Jahr 2020 werden etwa 75 % der Wärme durch fossile Energieträger geliefert, davon rund ein Drittel durch Fern- und Nahwärme. Wärme wird in den Jahren 2020 bis 2050 zu einem ähnlichen Anteil wie heute über Strom erzeugt werden. Das ist eine Folge der Effizienzrevolution im Gebäudebereich: Niedrig- oder Nullenergiehäuser brauchen keine traditionelle Heizung mehr. Aber auch Wärmepumpen kann man effizient mit Gas betreiben.

Im Jahr 2050 werden die erneuerbaren Energien etwa die Hälfte der Nutzwärme bereitstellen. Den größten Anteil wird dann die Sonne liefern, gefolgt von der Biomasse. Knapp 20 % kann die Geothermie beitragen. Für die Erzeugung von knapp 40 % der Nutzwärme werden dann noch fossile Energien benötigt.

Zukunftsmusik für den Norden: das virtuelle Kraftwerk

Langfristig könnten Wasserstoff und erneuerbare Energien die solare Wasserstoffwirtschaft entstehen lassen. Wasserstoff bietet eine Reihe von Vorteilen: Er lässt sich emissionsfrei in Energie umwandeln, er löst das Speicherproblem der erneuerbaren Energien, und er ist praktisch universell nutzbar. Regenerativ erzeugter Wasserstoff ist die Basis für hocheffiziente Zukunftstechnologien wie die Brennstoffzelle. Nutzt man die Wasserstofftechnologie zusammen mit stationärer Kraft-Wärme-Kopplung, kann man energetische Wirkungsgrade von mehr als 90 % erreichen. Bei mobiler Anwendung wäre das die technische Voraussetzung für das immer wieder versprochene, aber bisher nicht entwickelte »Null-Emissions-Auto«.

Aber bis zur solaren Wasserstoffwirtschaft ist noch ein weiter Weg zurückzulegen. Solarer Wasserstoff ist teuer, es fehlt die dafür erforderliche Infrastruktur, die Technologien sind bisher nicht ausgereift. Solarer Wasserstoff wird selbst in ferner Zukunft nur ein Teil des Energiesystems bleiben.

Der größte Teil der regenerativ erzeugten Energie wird auch langfristig direkt verwendet werden, sei es als Wärme oder als Strom, der direkt in die elektrischen Netze eingespeist wird. Darüber hinaus wird Biomasse einen beachtlichen Teil des Brennstoffbedarfs decken.

Als Brückentechnologie für die Wasserstoffwirtschaft gilt die Brennstoffzelle. Das neue Gesetz zur Kraft-Wärme-Koppelung in der Bundesrepublik fördert die Markteinführung der Brennstoffzelle – für zehn Jahre erhält jeder, der hieraus Strom ins öffentliche Netz einspeist, einen Bonus von garantierten 5 Cent.

Der Klimawandel wartet jedoch nicht auf die Marktreife der solar gespeisten Brennstoffzelle. Deshalb wird sie zunächst auf Erdgasbasis betrieben werden. Erdgas hat eine strategische Bedeutung für den Übergang in die solare Wasserstoffwirtschaft. Auch wenn es zunächst widersinnig erscheint: Ohne flächendeckende Erdgas-Infrastruktur werden wir den Übergang in die Wasserstoffwirtschaft nicht schaffen.

Gebäude könnten mithilfe der Brennstoffzelle und kleiner Kraft-Wärme-Koppelungsanlagen von Energievernichtern zu Energieproduzenten werden. So wird das »virtuelle Kraftwerk« Wirklichkeit: Eine Vielzahl kleiner Anbieter, die meisten von ihnen bisher nur Verbraucher, sind miteinander vernetzt und speisen Überschüsse ins Stromnetz ein.

Je schneller wir das Konzept der dezentralen Energieversorgung auf der Basis erneuerbarer Energien marktfähig machen, desto schneller können wir die Produktion in klassischen Großkraftwerken reduzieren.

In Ländern des Südens nimmt vor allem der Verbrauch von fossilen und teilweise atomaren Brennstoffen zu. Beides bringt sie in neue Abhängigkeiten und beides forciert den Klimawandel. Sowohl für die Entwicklung in den Ländern des Südens als auch für das globale Klima liegen die Chancen aber im direkten Einstieg in dezentrale erneuerbare Energien.

Energie ist die Basis fast jeder Wertschöpfung. Der Zugang zu Energie, zum Beispiel zu Strom, entscheidet vielfach darüber, ob überhaupt Wertschöpfung beginnen kann. Wie viel Geld oder Zeit ein Land oder eine Familie für Energie aufwenden müssen, entscheidet deshalb wesentlich mit über die Chancen, die sich ihnen bieten. Der zweite Faktor ist, wie effizient sie diese Energie nutzen können, wie viel Gewinn sie aus einer bestimmten Menge Energie herausholen können.

Weltweit haben zwei Milliarden Menschen keinen Zugang zu Strom. Das ist ein Drittel aller derzeit lebenden Menschen. Der fehlende Stromanschluss schließt sie von Information, von Bildungsmöglichkeiten, von Kommunikationswegen und von Produktionsmöglichkeiten radikal aus. Alphabetisierungskurse für Frauen etwa können nur mit Strom durchgeführt werden, weil Frauen in armen Ländern in der Regel erst nach Einbrechen der Dunkelheit »Zeit haben«.

Die Entwicklungskrise des Südens ist wesentlich eine Energiekrise. Deshalb habe ich mich dafür stark gemacht, dass Energiepolitik auf die Tagesordnung des Weltgipfels in Johannesburg kommt.

Die global prägende, zentralistische, fossil-atomare Energiestruktur ist nicht nur ökologisch problematisch. Sie macht die Mehrheit der Menschen im Süden ärmer, statt

– wie zumindest im Norden – ihren Wohlstand zu begründen.

Schon die Gewinnung des Rohmaterials vergrößert die vorhandene Ungerechtigkeit. Uran abzubauen ist lebensgefährlich für die Bergbauarbeiter, vor allem wenn die Minen in Namibia, Südafrika oder Gabun liegen, wo Schutzvorschriften kein oder kaum Thema sind. Die Abraumhalden sind eine Gefahr für die lokale Bevölkerung. Der Nutzen des Urans wird dagegen im Norden beziehungsweise von der globalen Oberschicht abgeschöpft.

Am Ende der Produktion von Atomenergie steht dann wieder Müll – hochgiftiger Atommüll und nukleare Altlasten. Der Umgang mit Atommüll in den ehemaligen Staaten der Sowjetunion gibt uns einen Vorgeschmack darauf, was uns in noch ärmeren und instabileren Ländern im Süden, die ebenfalls Atomkraftwerke betreiben und Atommüll produzieren, möglicherweise erwartet. Dennoch kommen immer wieder – auch in Deutschland – Stimmen auf, die das Atommüllproblem durch Müllexport in andere Länder lösen wollen.

Fossile Energieerzeugung hat vielfach strukturell ähnliche Folgen wie die Atomwirtschaft. Öl und Gas werden in den OPEC-Staaten, in den USA, Norwegen, Russland und anderen Ländern gefördert. Das hat unterschiedliche Auswirkungen vor Ort. Norwegen ist heute reich und den Norwegern geht es vorwiegend gut – trotzdem gibt es zur Zeit Klagen über mangelhafte soziale Leistungen des Staates. In den Golfstaaten ist der Lebensstandard der Staatsbürger gestiegen, aber nicht der Lebensstandard der Bevölkerung allgemein. In Nigeria profitiert nur eine kleine Oberschicht vom Ölreichtum, während das Volk der Ogoni massiv unter der Förderung leidet und im Elend lebt. Die ortsansässige Bevölkerung ist oft das Opfer ihres Naturreichtums, weil die Ölförderung sie von ihrem Boden vertreibt oder ihn zur Gifthalde macht. Dass Kamerun und der Tschad überhaupt einen Vorteil von der Förderung des Erdöls haben werden, ist nicht abzusehen.

Globale Gerechtigkeit, vergleichbarer Lebensstandard, ähnliche Lebenserwartung und Generationengerechtigkeit sind mit einer fossil-nuklear geprägten Energiestruktur nicht zu erreichen.

Die *global players* der Energiewirtschaft, die im Süden investieren wollen, praktizieren zentralisierte Versorgung. Kraftwerke mit über 1000 Megawatt dominieren den Markt. Die Weltbank fördert – trotz der Weltklimakonvention von 1992 – noch immer solche Projekte. Sie begünstigt nach wie vor ausländische Beteiligungen und Übernahmen. Damit leistet sie genau dem Konzentrationsprozess Vorschub, der armen Ländern keine Rolle als aktive Produzenten gewinnträchtiger und zukunftsfähiger Energien zugesteht, sondern sie zu bloßen Rohstofflieferanten und Abnehmern macht.

Die großen Stromversorger verdienen am hohen Verbrauch. Deshalb interessieren sie sich für Ballungsräume, nicht für dünner besiedelte oder entlegenere Regionen. In Tansania beispielsweise stehen 97 % der gesamten Stromerzeugungskapazität den Städten zur Verfügung. Verteilernetze für Dörfer fehlen.

Eine zentralisierte Versorgung ist zu teuer, um sie aufs Land auszudehnen. Eine Energieversorgung, die es nur in Zentren gibt, zerstört aber die Sozialstruktur. Kommt die Energie nicht zu den Menschen, gehen die Menschen zur Energie. Die Menschen abseits der zentralen Hochspannungsleitung müssen, wenn sie Strom wollen, ihre Dörfer, ihre Felder und ihr soziales Gefüge verlassen. Migration vor allem der jungen Männer in die Zentren ist die Folge. Es entstehen neue Slums, neue Armut.

Zukunftsmusik für den Süden: Fotovoltaik und Solarthermie

Ausbau erneuerbarer Energien, Effizienz bei der Umwandlung und Effizienz bei der Nutzung von Energie – das ist auch das Konzept für eine zukunftsfähige Energiepolitik des Südens. Nukleare und fossile Energie hält die Menschen dort weiter in Abhängigkeit.

Den Preis für den Strom in den Städten des Südens zahlt auch die Landbevölkerung, die gar nicht ans Netz angeschlossen ist. Denn Erdöl oder Gas für die Stromproduktion zu importieren, ist für arme Länder sehr teuer. Ein Land wie Deutschland, das aus einem Barrel Rohöl über die chemische Industrie, über computergestützte Dienstleistungen sehr viel Wertschöpfung erarbeitet, kann es sich leisten, einen Teil des Umsatzes für Rohölimporte wieder auszugeben.

Wo die Energieeffizienz aber viel geringer ist als bei uns, wo Strom weit gehend für den alltäglichen Konsum verbraucht wird, erwirtschaftet man aus dem teuer mit Devisen bezahlten Rohöl (falls das Land überhaupt eine eigene Raffinerie hat) nicht genügend Gewinn. Das Verhältnis der Ausgaben für Energieimporte zu den Exporteinnahmen verschlechtert sich ständig.

Für fast alle Länder im Süden wäre es sehr viel zukunfts- und gewinnträchtiger, wenn sie dezentral mit der Gewinnung erneuerbarer Energien beginnen würden, statt von den *global players* an die globalen »Energieketten« (Hermann Scheer) gelegt zu werden. Viele Länder, die heute einen großen Teil ihrer Devisen für Energieimporte ausgeben, könnten Energieexporteure werden.

Die großen Flächen und die klimatischen Verhältnisse bieten nicht nur für das Erzeugen der Windenergie Bedingungen, von denen Windmüller hier in Deutschland nur

133

träumen können. Sie sind auch eine optimale Voraussetzung für die breite Nutzung von Fotovoltaik und Solarthermie.

Die sonnenreichen Länder der Erde haben derart riesige
ungenutzte Flächen, oft Wüsten, dass kein Flächenproblem
entstehen wird. Ein solarthermisches Kraftwerk benötigt
sehr viel weniger Fläche als ein Wasserkraftwerk. Die Fläche
Nordafrikas könnte die Welt mit Strom aus erneuerbaren
Energien versorgen. Man könnte diesen Strom zum Beispiel
über Stromkabel nach Europa transportieren. Alternativ
kann man mit diesem Strom in Afrika über Elektrolyse Wasserstoff herstellen, den man weltweit exportieren könnte.
Die Solarthermie bietet etlichen sonnenreichen, aber nie-
derschlagsarmen Ländern noch einen besonderen Vorteil:
Die Abwärme solarthermischer Kraftwerke kann zum Ent-
salzen des Meerwassers und damit zur Trinkwassergewin-
nung dienen.

Mit der Parabolrinnentechnologie, die seit über 15 Jahren
in Kalifornien kommerziell und erfolgreich im Einsatz ist,
könnte innerhalb weniger Jahre Strom für ca. 9 bis 12
Cent/kWh produziert werden. Dabei wird das Sonnenlicht
genutzt, um in einem parabolisch gekrümmten Spiegel
Dampf zu erzeugen, der dann abgesaugt und in Strom umgewandelt wird.

Das Bundesumweltministerium lässt außerdem die Wirkungsweise von Solarturmkraftwerken erforschen. Dort
entstehen besonders hohe Temperaturen, die in Gas- und
Dampfkraftwerken genutzt werden könnten. Wir wollen
schrittweise ein Demonstrationskraftwerk errichten.

Die dritte viel versprechende Technik sind so genannte
Solar-Dish-Systeme. Das sind Parabolspiegel, die in Kom-
bination mit einem Speichersystem weitgehend unabhängig
von der aktuellen Sonneneinstrahlung Strom produzieren
können. Solar-Dish-Systeme leisten sehr viel mehr als

kleine Fotovoltaikanlagen. Sie könnten ganze Dörfer in Ländern des Südens mit Strom versorgen. Bisher haben diese nur, wenn überhaupt, sehr viel teurere und klimaschädliche Dieselgeneratoren zur Stromerzeugung.

Die Strategie der rot-grünen Energiewende in Deutschland, die Fotovoltaik und die Solarthermie durch Massenerzeugung billiger zu machen, ist auch für Länder in Afrika, Asien oder Lateinamerika letztendlich nutzbringender als jede mit Verbundfinanzierung staatlich geförderte Direktinvestition in ein afrikanisches Kohle- oder Gaskraftwerk.

MOBILITÄT AUF NEUEN WEGEN

In den beiden vergangenen Jahren stieg die CO_2-Konzentration in der Atmosphäre schneller an als in den letzten 20 000 Jahren. Weltweit fahren heute 480 Millionen Autos. Hätten überall so viele Erwachsene ein Auto wie in den Industrieländern, wären es schon 2,3 Milliarden. Die Fähigkeit des Planeten, all die Abgase aufzunehmen, ist aber schon jetzt überschritten.

Mobilität ist in Gefahr, wenn es nur noch ein Verkehrsmittel gibt: das Auto. Wenn man keine Wahl mehr hat zwischen Bus, Bahn, Auto, Fahrrad. Schließlich kann oder will sich auch in reichen Länder nicht jeder ein Auto leisten.

Mobilität ist auch in Gefahr, wenn es so viele Autos gibt, dass man damit nur noch im Stau steht. Auch wenn man während des Staus vielleicht in einem vollklimatisierten Off-Roader sitzt. Die Termine oder die Freunde am Feierabend verpasst man trotzdem. Mobilität muss also anders gestaltet und gesichert werden als durch den Bau von noch mehr Straßen und Flughäfen.

Wie kann Mobilität trotz oder mit Autos erhalten werden? Wie sieht ein Verkehrskonzept aus, dass selbst Autofahrer dazu verführt, öffentliche Verkehrsmittel zu nutzen? Welche Anreize muss die Politik heute geben, damit die Automobilindustrie und die Bahn Partner eines zukunftsfähigen Verkehrskonzeptes werden?

Der Verkehr wird zunehmen: der Personenverkehr in Deutschland zwischen 1997 und 2015 nach Schätzungen um 22 %, der Güterverkehr um 64 %, der Flugverkehr um 117 %.

Der Beginn der Verkehrswende in Deutschland

Die Bundesregierung hat sich verpflichtet, den Ausstoß der sechs wichtigsten Treibhausgase bis 2012 um 21 % zu senken. Wir sind fest entschlossen, dieses Ziel zu erreichen. Die größte Gefahr, es zu verfehlen, droht durch wachsenden Verkehr.

Deshalb fördert die Bundesregierung umweltfreundliche Mobilität und verteuert Mobilität, die zu Lasten des Klimas geht. Zentrales Steuerungsinstrument ist die ökologische Steuerreform, deren Auswirkung auf die Spritpreise durch die Erhöhung der Rohölpreise auf dem Weltmarkt zusätzlich verstärkt wurde. Hinzu kommt ab 2003 die LKW-Maut auf Autobahnen. Wir verfolgen zwei Strategien: Die Optimierung des Automobils – und Alternativen zum Auto.

Wir haben die Voraussetzungen für das Fahren spritsparender Autos verbessert: Ab 2003 führen alle Tankstellen in Deutschland schwefelfreies Benzin und Diesel. Damit sind wir Vorreiter in Europa. Dieser Kraftstoff belastet die Umwelt weniger und ermöglicht es gleichzeitig, Motoren zu bauen, die 20 bis 30 % weniger Sprit brauchen. Zusammen mit der Gasindustrie, der Mineralölwirtschaft und verschiedenen Autoherstellern und Stadtwerken haben wir

Erdgasfahrzeuge und -tankstellen gefördert. Erdgas ist ein umweltschonenderer Treibstoff als Benzin oder Diesel. Die Infrastruktur, die wir zur Zeit für das Erdgas aufbauen, können wir später nutzen, wenn Autos mit Wasserstoff aus regenerativen Energien marktreif sind.

Unsere Vorgängerregierung hat sehr einseitig auf Straßenbau gesetzt, also Automobilverkehr gefördert. Rot-Grün hingegen hat die Mittel für den Ausbau des Schienenverkehrs und der Wasserwege angehoben, so dass diese ökologisch sinnvollen Verkehrswege erstmals die gleiche Förderung erhalten wie der Straßenbau. Für den regionalen Bahnverkehr gibt es nach dem neuen Regionalisierungsgesetz jedes Jahr mehr Geld vom Bund. Außerdem wurde erstmals ein nationaler Radverkehrsplan aufgestellt.

Langfristiges Ziel ist, Arbeiten und Wohnen wieder zusammenzuführen, um unnötigen Verkehr zu vermeiden. Wenn die Treibstoffpreise die Umweltkosten widerspiegeln, dann wird die »Stadt der kurzen Wege« wieder attraktiver. Sie ist ohnehin lebenswerter als Trabantenstädte und Einkaufsmalls, in die sich abends niemand mehr hineintraut.

Eine zunehmende Zahl von Menschen wird sich deshalb in der Zukunft entscheiden, gar kein Auto mehr zu kaufen, weder ein neues, noch ein gebrauchtes. Sie werden allenfalls Interesse an Car-Sharing haben.

Schwieriger ist es für Menschen in strukturschwachen Regionen, in denen über Jahre der Personennahverkehr eingeschränkt wurde – während gleichzeitig auch Banken, Poststellen und Geschäfte geschlossen wurden. Die begonnene Energie- und Agrarwende, die beide regionale Wirtschaftskreisläufe stärken, sollen diesem Prozess entgegenwirken, der zur Zeit vielen Familien gar keine Wahl lässt: Sie müssen sich zwei Autos leisten, um überhaupt den Alltag bewältigen zu können.

Verkehr entsteht nicht aus dem unwiderstehlichen Bedürfnis, sich zu bewegen. Verkehr ist auch eine Folge unserer
Lebensweise. Verkehr hängt ab von der Art, wie wir arbeiten, wie wir wohnen. Ein Beispiel dafür sind unsere Vororte. Vororte entstehen in wachsender Zahl, seit es viele
Autos gibt. Und seit es immer mehr Autos gibt, entstehen
noch mehr Vororte. Denn die Stadt wurde zum Autogebiet.

Vorher wohnte man, wo man arbeitete, wo man einkaufen ging, wo man zum Verein ging. Die klassische Bau-
weise, heute am besten in den Gründerzeitvierteln zu sehen, hatte Haustür und Fenster zur Straße. Die Häuser
öffneten sich in Richtung auf das gesellschaftliche Leben
auf der Straße. Im Laufe der Jahre gaben sie damit aber vor
allem den Blick auf Autos frei. Sehr viel Schutz boten der
Vorgarten und die üblichen Straßenbäume nicht. Also ent-
stand die Sehnsucht nach Wohnen an einem ruhigen Ort im
Grünen.

Der Vorort ist eine Erfindung, die Elemente der Garten-
stadt und des Siedlungsbaus der 20er Jahre in sich vereinigt.
Programmatisch gefordert wurde die Trennung von Arbeiten, Wohnen und Freizeit erst in den 30er Jahren in der
Charta von Athen. Sie wollte den Ort der Freizeit vom Ort
der Arbeit trennen, weil es in den Gewerbe- und Industrie-
gebieten damals stank und lärmte.

Das entfernt liegende Wohngebiet setzt das Auto voraus.
Die Anlage von Wohngebieten – eine Hauptader, von der
Nebenadern und davon wiederum Sackgassen voller Ein-
familienhäuser mit Garage abzweigen, spiegelt den Über-
druss am Verkehr: Die großen Fenster und Flügeltüren gibt
es nur nach hinten, zum Garten. Gegen die Straße schotten
sich die Häuser ab. Die Menschen wollten und wollen ihre
Ruhe. Was absolut nachvollziehbar ist.

Nur: In einer Sackgasse siedeln sich keine Läden, Cafés, Kneipen, Restaurants, Copyshops, Fitnessklubs oder Musikschulen an. Dort hält sich niemand auf. Ein Wohngebiet ist leer, öde, nichts als flächenfressende Wucherung, die sich immer weiter ausdehnt. Wer einmal durch die Einöde der *suburbs* Nordamerikas gereist ist, sehnt sich fast nach dem Lärm, aber auch der Urbanität einer europäischen Stadt zurück.

Suburbia is Everywhere

Wer in *suburbia* wohnt, kommt zu Fuß nirgendwohin. Wer es dennoch tut, fällt sehr schnell auf. Ich kenne Europäer, die in Florida von Polizisten mit vorgehaltener Glock-Pistole an die Wand gestellt wurden, weil sie den Versuch gemacht hatten, zu Fuß einkaufen zu gehen. In einem grandiosen kulturellen Missverständnis hatte man sie mit ihren *7-eleven*-Plastiktüten für Einbrecher gehalten.

Bewohner von integrierten Vierteln können bis heute sehr viel mehr zu Fuß oder mit dem Fahrrad erledigen als Bewohner von Vororten. Das Konzept »Wohngebiet« versiegelt nicht nur enorm viel Fläche, sondern es erzeugt geradezu Verkehr: Die Mütter in Wohngebieten sind oft sehr gut ausgebildet, arbeiten aber nachmittags als unbezahlte Taxifahrer für ihre Kinder. Während Kinder in einem lebendigen multifunktionalen Kiez sehr früh ihre Wege kennen und auch allein gehen können.

Abschottung, das Prinzip des Wohngebiets, steht Ökologie konträr gegenüber. Die fortschreitende »globale Suburbanisierung« (Helmut Holzapfel) ist mit einer zukunftsfähigen Vision für das 21. Jahrhundert schlicht nicht zu vereinbaren. Im Norden und in Metropolen des Südens geht es deshalb, erstens, darum, Wohngebiete besser mit dem ÖPNV, mit Kleinbussen, zu erschließen. Aber der

Weg vom Ende der Sackgasse bis zur Haltestelle an der Hauptader des Wohngebiets bleibt trotzdem lang. Vielen Bewohnern zu lang.

Deshalb müssen diese Wohngebiete, zweitens, zu lebendigen, multifunktional genutzten Lebensräumen umstrukturiert, verdichtet werden – was keine leichte Aufgabe ist, aber die einzige Möglichkeit, Verkehr zu vermeiden. Das Einfamilienhaus am Stadtrand wäre dann nur noch eine Wohnform unter anderen im früheren Wohngebiet. Nur wenn mehr Menschen per Straße vernetzt dort wohnen, wird es gelingen, soziale und gewerbliche Infrastruktur dort anzusiedeln, so dass die Bewohner nicht mehr für jede Kleinigkeit ins Auto steigen müssen.

Das offensichtlich weit verbreitete Bedürfnis nach Wohngebieten – nach Ruhe, nach Grün, nach besserer Luft – könnte man auch durch großräumige autofreie Zonen, durch mehr Bäume und Grasflächen in Städten und vor allem durch Fassadenbegrünung befriedigen. Das wären ökologisch – und wahrscheinlich auch sozial – sehr viel bessere Möglichkeiten, die Wünsche der Menschen und die Begrenztheit des Ökosystems in Einklang zu bringen, als weiter jeden Tag weitere 130 Hektar zu versiegeln. Die gerade verabschiedete Nationale Nachhaltigkeitsstrategie sieht vor, diese Zahl bis 2020 auf 30 Hektar zu senken.

Die Entfernungspauschale ermuntert aber immer noch zu unökologischem Verhalten, nämlich in entfernter liegende Wohngebiete zu ziehen. Sinnvoll ist die Entfernungspauschale nur in strukturschwachen Gebieten und nur für Menschen unterhalb einer bestimmten Einkommensgrenze – weil sie ohne Auto nicht zur Lehrstelle oder zum Arbeitsplatz kommen können.

Auch die für Neubauten doppelt so hohe Eigenheimzulage begünstigt den Bau von weiteren Ein- und Zweifamilienhäusern in entfernt liegenden Wohngebieten. Es ist geradezu paradox, dass Menschen, die eine Wohnung oder einen Altbau kaufen, für ihr ökologisch sinnvolles Verhalten bestraft werden, indem sie nur halb so viel Förderung bekommen.

Wir müssen solche widersinnige Förderung im Rahmen der Nationalen Nachhaltigkeitsstrategie prüfen und für den Erhalt der Umwelt reformieren.

Mit dem Bus durch Curitiba

Wie Mobilität in der Stadt ressourcensparend, sozial gerecht und sehr effektiv organisiert werden könnte, lässt sich schon heute im Süden Brasiliens, in Curitiba, studieren. Die Hauptstadt des Staates Paraná hat ein faszinierendes Verkehrssystem – statt des vor allem in Städten des Südens üblichen Staus, der von einer dichten Smogwolke überwölbt ist. Dabei hatten sich Anfang der 70er Jahre auch in Curitiba alle Anzeichen der Verkehrskrise gezeigt.

Die Bevölkerung der Stadt ist enorm gewachsen, von 120 000 im Jahr 1942 auf zweieinhalb Millionen Menschen am Ende des Jahrhunderts. 1964 hat die Kommune einen Entwicklungsplan zur intelligenten Nutzung von Land beschlossen. Um eine U-Bahn zu bauen, fehlte das Geld. Also überlegte man, wie man die Vorteile der U-Bahn anders nutzen könnte: keine Behinderung durch anderen Verkehr, Schnelligkeit, kein Zeitverlust durch Fahrkartenverkauf im Verkehrsmittel selbst, Vernetztheit.

Man übertrug das System auf die Oberfläche, führte Verkehrsadern ein, deren Mittelteil nur von Bussen genutzt werden kann. Längs der Verkehrsachsen gibt es jeweils Einbahnstraßen für Autos. Busse sind dadurch nicht von Staus und Autounfällen mitbetroffen. Der Busverkehr fließt immer. Da die Fahrkarten vor dem Einsteigen gekauft werden, ist die Haltezeit so kurz, dass im Berufsverkehr jede Minute ein Bus halten kann.

Die Busse wurden mehrfach modernisiert und vergrößert. Das privat betriebene Bussystem wurde wiederholt ausgebaut. Die Stadt bezahlt die Busunternehmen pro Streckenkilometer, nicht pro Fahrgast. Deshalb deckt das Busverkehrsnetz das ganze Stadtgebiet ab und umfasst inzwischen 500 Streckenkilometer. Fast 75 % der Pendler aus den ans Busnetz angeschlossenen Vororten nutzen das preisgünstige Bussystem. Aufgrund der hohen Fahrgastzahl trägt es sich selbst und muss nicht subventioniert werden. Die Zahl der Busnutzer stieg in 20 Jahren von 50 000 pro Tag (1974) auf 800 000. Das sind viermal so viele Fahrgäste wie in herkömmlichen Verkehrssystemen. Obwohl in Curitiba jeder vierte Busbenutzer ein Auto hat. Aber das Bussystem ist schneller als das Auto, deshalb fahren die Menschen im Alltag mit dem Bus.

Der Nutzen für die Natur ist groß: Der Benzinverbrauch in Curitiba ist 30 % niedriger als in vergleichbaren brasilianischen Städten, die Luft sehr viel besser. Da wenig Land für Straßen versiegelt werden musste, gibt es sehr viel Grünflächen, 52 Quadratmeter pro Einwohner – das ist sogar mehr als der »Idealstandard« der UNO (48 Quadratmeter).

Ausgediente Busse werden fantasievoll recycelt: Sie werden zu Kindergärten, Schulen und für mobile ärztliche Dienste umfunktioniert. Curitiba ist auch führend in der Müllverwertung: zwei Drittel aller Abfälle werden recycelt.

Obwohl das Verkehrssystem die Bewohner von Curitiba sehr zufrieden stellt: kopiert wird es nur langsam.

Wie die Schweiz Menschen zum Zug bringt

Wie schafft man außerhalb von Ballungsräumen Alternativen zum Auto? Mobilität und Bahn – das seien zwei paar Schuhe. Das hört man oft in Deutschland. In der Schweiz hingegen hat die Bahn ein außerordentlich positives Image und wird sehr viel mehr genutzt als in Deutschland. Obwohl die Schweizer keinesfalls weniger Geld haben, um aufs Auto auszuweichen, als wir.

Die Bahncard in Deutschland verlangt den Kunden fast jedes Jahr ab, sich wieder auf neue Bedingungen und Berechtigungen einzulassen. Für die Kunden ist das mühsam und ärgerlich, es schafft Unsicherheit. Selbst Fahrkartenverkäufer sind häufig nicht in der Lage, die jeweils günstigste Verbindung herauszufinden. Die Bürger müssen jedes Jahr eine neue grundsätzliche Entscheidung für oder gegen die gerade aktuelle Bahncardversion treffen. Nur jeder 24. Bundesbürger entscheidet sich für die Bahncard.

In der Schweiz dagegen, die das Halbpreisabo – das Vorbild der deutschen Bahncard – über Jahre unverändert beibehielt, gehört sie für jeden vierten Einwohner zum Alltagsleben. Sie wird nicht mehr ständig hinterfragt, sondern genutzt. Man hat das Halbpreisabo genauso wie das Abo der Tageszeitung und den Dauerauftrag für die Miete. Also fährt man Bahn – genauso wie man Zeitung liest und wohnt. Wer von Zürich aus abfliegt, stellt fest, dass fast alle Fluggäste – vom Touristen bis zum Manager – mit dem Zug zum Flughafen kommen.

Die Schweizer haben eine Offensive für die Flächenbahn gestartet und bieten für das gleiche Geld mehr Strecken an, eine enge Vertaktung und zahlreiche Direktverbindungen. Wozu führt das? Beispiel Konstanz: Von der größten deutschen Stadt am Bodensee zur Landeshauptstadt Stuttgart fährt man wahrscheinlich mit dem Auto, denn es gibt keine direkte Bahnverbindung – von Konstanz nach Zürich und zum Zürcher Flughafen dagegen fährt man mit der Bahn, denn die Schweizer haben eine direkte Bahnlinie geschaffen.

Die Schweizer kaufen auch – im Vergleich zu Deutschland – enorm viele Netzkarten, die für diverse Verkehrsmittel gültig sind. Lieblingsticket der Schweizer ist das »Generalabo«, eine Netzkarte, die in allen öffentlichen Verkehrsmitteln gilt: im Bus in Solothurn genauso wie in der Zürcher Tram und im Intercity Bern–Lausanne. Das Ziel der Schweizer: Eisenbahn und ÖPNV sollen fast so leicht verfügbar sein wie das Auto. Das Ziel ist politisch definiert: hohe Nutzerzahlen. Das Geheimnis des Schweizer Erfolgs liegt wahrscheinlich in der klaren Zielorientierung und in der Bereitschaft, dem Erfolg eine Frist einzuräumen. Es wurde ein Verkehrsziel für 2004 formuliert. Zur Zeit diskutiert man schon Fahrplanideen für 2020. Die Schweizer Bahn ruft alle Sparten auf, zu diesem Ziel beizutragen.

Die Autobahn als Lagerhalle

Die Schweizer Alpenschutzinitiative, die Verlegung des größten Teils des Nord-Süd-Güterverkehrs über die Alpen auf die Schiene, hat zu einem ehrgeizigen Ausbau des Schienennetzes in der Schweiz geführt. Es wäre höchst sinnvoll, wenn die Beneluxstaaten, Skandinavien und alle anderen Länder, die Güter über die Alpen rollen lassen, die Alpenschutzinitiative zum Anlass nähmen, die Güter von vornherein auf der Schiene zu transportieren, statt sie mit dem LKW bis zu den Alpen zu befördern und dann umständlich zu verladen.

Wir müssen den gesamten Güterverkehr zukunftsfähiger gestalten. Für die hohen Emissionen im Güterverkehr ist ein Produktionsmodell verantwortlich: Firmen kommen heute weit gehend ohne Lagerhaltung aus, obwohl sie weit verstreut und sehr arbeitsteilig fertigen lassen. *Just-in-time* heißt die Zauberformel – und das Umweltproblem. Ohne Lagerhaltung zu produzieren heißt de facto: ohne teure Lagerhaltung auf Kosten der Produzenten. Stattdessen bewegen sich die Lager heute auf öffentlichem Grund – zum Nulltarif.

In den Verkehrsnachrichten heißt das dann Stau. Die Lagerhaltung auf öffentlichem Grund zu Lasten der Allgemeinheit der Steuerzahler trifft die ganze Bundesrepublik. Von Puttgarden bis Berchtesgarden, von Frankfurt/Oder bis Saarlouis rollt die LKW-Lawine durchs Land. Jeder dieser Laster verursacht im Schnitt 40 000-mal so viel Kosten infolge von Straßenschäden wie ein PKW. Vor allem LKW sind für den Lärm entlang der Fernstraßen verantwortlich. Auf ihr Konto geht auch der Löwenanteil von Dieselruß und CO_2.

Die LKW-Maut setzt dieser Form der Lagerhaltung zum Nulltarif ein Ende. Die Transitverkehre müssen künftig zwischen 10 und 17 Cent pro Autobahnkilometer aufbringen. Das deckt noch nicht alle Kosten – dafür müsste der gleiche Betrag pro Tonnen-Kilometer gezahlt werden. Aber es ist ein Anfang.

Preise müssen künftig die ökologische und die volkswirtschaftliche Wahrheit wiederspiegeln. Die LKW-Maut ist ein Schritt zum Abbau indirekter Subventionierung. Sie erhöht die Chancen der Bahn auf dem umkämpften Güterverkehrsmarkt.

Die rot-grüne Bundesregierung will tendenziell die Bahn steuerlich mit Flugzeug und Laster gleichstellen. Da die Bahn reale Wegekosten zahlen muss, wäre ihr schon viel geholfen, wenn sie für Transporte über 50 Kilometer nur noch den halben Mehrwertsteuersatz zu zahlen hätte. Die dafür notwendige Viertelmilliarde wäre gut aus einer fortgeschriebenen Ökosteuer zu finanzieren.

Auch beim Güterverkehr verfolgen wir eine Doppelstrategie: Wir verbessern die Verkehrswegenetze, und wir optimieren die Kraftfahrzeuge. Der LKW-Bau muss sich umstellen. Hier ist das CO_2-Einsparpotenzial am größten. Der Treibstoffverbrauch muss auf die Hälfte reduziert werden. Lovins und Hennicke sehen in ihrem Szenario für 2050 LKW vor, die nur noch 7 Liter Treibstoff benötigen, um 1 Tonne Güter 100 Kilometer zu transportieren.

Ein Konzern, der heute LKW produziert, muss sich darauf einstellen, dass in der Zukunft weniger Güter über große Strecken transportiert werden. Ökosteuer, LKW-Maut und der Aufbau regionaler Wirtschaftskreisläufe werden mehr kleinräumigeren Güterverkehr bedingen. Große Trucks für den Fernlastverkehr werden dann möglicherweise weniger gefragt sein als Kleinlaster, die vielfältig einsetzbar sind.

Wenn immer mehr Güterverkehr auf die Schiene verlegt wird, zählt nicht mehr das Transportvolumen, sondern der intelligente Service bringt Geld.

Die richtigen Signale für eine Verkehrswende hat die Bundesregierung gegeben. Es ist nun an den Verkehrsunternehmen, von den Automobilfirmen über die Bahn, den Stadtwerken und anderen Anbietern vom ÖPNV und an den Bürgern, sich auf die neuen Koordinaten einzulassen.

DEN HUNGER BESIEGEN – OHNE GENTECHNIK UND OHNE AGROINDUSTRIE

Die Agroindustrie zerstört Boden und Wasser, sie verringert die Artenvielfalt, sie braucht enorme Inputs an Dünger, Pestiziden und Energie. Damit produziert sie am Ende

Lebensmittel, die in dieser Menge nicht gebraucht und in dieser Qualität nicht gewollt werden. Die USA wollen trotzdem ihre Agrarsubventionen für die Jahre 2004 bis 2011 um insgesamt 73 Milliarden Dollar erhöhen. Die EU-Agrarsubventionen liegen zum Teil bei 40 Milliarden Euro im Jahr.

Die Produkte der subventionierten Agroindustrie werden zum Teil vernichtet oder mit erneuten Subventionen in arme Länder exportiert, deren Bauern nicht mit den künstlichen Dumpingpreisen konkurrieren können. Nahrungsmittelhilfe ist geradezu das Danaergeschenk der Entwicklungshilfe – vor allem die USA und die EU tun sich hier hervor.

Subventionen als Hilfe

Die USA, bei den meisten UN-Organisationen äußerst säumige Zahler, machen dem für Nahrungsmittelhilfe zuständigen World Food Program (WFP) der UN unwiderstehliche Angebote. Mit einem Spendenaufkommen von 1 Milliarde Dollar sind sie der stärkste Geber (zum Vergleich: Japan, das zweitstärkste Geberland, gibt 100 Millionen Dollar). Auch die Konditionen sind für die UN äußerst angenehm: Die Regierung in Washington kauft Mais von den eigenen Farmern auf und garantiert der UN die Übernahme aller Transportkosten. Was als Hilfe für den Süden deklariert wird, ist de facto eine Hilfe für die Farmer im Mittleren Westen der USA.

Im Süden schlägt dieser amerikanische Mais einheimische Produzenten aus dem Rennen. Kein afrikanisches Land kann sich solche Subventionen leisten wie die USA. Die Strukturanpassungsprogramme des IWF verhindern solche Subventionen sogar ganz gezielt. Die Konsequenz: Kenia zum Beispiel hatte 2002 eine Rekordernte. Das WFP könnte für Hungerregionen in Äthiopien oder anderen Ländern der Region Überschüsse von den kenianischen Bauern kaufen und damit langfristig deren landwirtschaftliche Produktion stützen. Aber dieser Mais wäre teurer als der amerikanische, deshalb bleiben die Kenianer auf einem großen Teil ihrer Ernte sitzen, verlieren letztlich Geld. Sie werden entmutigt, weiter Mais anzubauen und damit abhängig. Potenzielle Kunden.

Die industrielle Landwirtschaft schützt nicht vor Hunger, sondern sie ist einer seiner Mitverursacher. Weil sie Land und Produktion in der Hand weniger konzentriert, und weil sie auf Dauer das Kapital – den Boden, den Wasserhaushalt, die Artenvielfalt – zerstört.

Die Ursache des Hungers ist – global gesehen – nicht ein Mangel an Nahrungsmitteln, sondern der eingeschränkte Zugang zu Nahrung und zu Boden. Der größte Teil der Hungernden lebt zwar auf dem Land, ist jedoch vom Landbesitz ausgeschlossen. In Afrika bauen Frauen 80% der Nahrung an, aber ihnen gehören nur 10% der Felder. In Kolumbien gehört 1,3% der Grundbesitzer 48% des Landes.

Naturnah bringt mehr

Für einen gerechteren Zugang zu Nahrung, für die Verwirklichung des Menschenrechts, sich zu ernähren, ist eine Landreform im Süden unerlässlich. Diverse Studien – zuletzt dargelegt im Worldwatch-Report – haben nachgewiesen, dass der Ertrag auf biologisch oder naturnah bestellten Feldern im Süden höher ist als der Ertrag auf Plantagen. Selbst auf die Erträge könnte sich eine Landreform also positiv auswirken. Außerdem muss der traditionelle Anbau optimiert werden, aber nicht mit Kunstdünger, sondern mit Know-how über optimale Pflanzen-Nachbarschaften, über

Schädlinge und Nützlinge, über Leguminosenpflanzen, die wie Stickstoffdünger wirken. Ökologische oder naturnahe Landwirtschaft könnte den Hunger nachhaltig aus der Welt schaffen.

In Bangladesh und Vietnam wenden 150 000 Bauern und Bäuerinnen seit einigen Jahren eine neue Methode des Reisanbaus an. Sie verzichten auf Pestizide und bekämpfen die Schädlinge stattdessen mit Nützlingen. Inzwischen leben wieder Fische, Krebse und Crevetten zwischen den Reispflanzen. Auf den kleinen Dämmen rings um die Reisfelder bauen die Menschen Obst und Gemüse an. Allein die Reiserträge stiegen um 5 bis 7%. Das Fisch-Reis-Gemüse-Obst-System insgesamt bringt den Bauern pro Jahr und Hektar 250 Dollar mehr ein als die konventionelle Methode, die nur Reis und Pestizide kannte.

Dieses Mischsystem garantiert eine sehr viel bessere Ernährung als der gentechnisch manipulierte *Goldene Reis*, der durch eingeschleuste Gene aus Narzissen Provitamin A bildet, das im Körper zu Vitamin A umgewandelt werden kann. 300 g Goldener Reis verhelfen höchstens zu 20% des Vitamin-A-Bedarfs eines Erwachsenen. Ein Kind könnte gar nicht so viel Reis essen. Proteine, andere Vitamine, Mineralstoffe, Jod – all das, was im Fisch-Reis-Gemüse-Obst-System integriert ist, fehlt im Goldenen Reis. Ganz abgesehen vom Genuss, den ein übers Jahr wechselndes saisonales Obst- und Gemüseangebot bietet.

Goldener Reis und andere Versuche, Hunger mittels Gentechnik zu beseitigen, sind Sackgassen. Sie könnten die lokale Bevölkerung nie ernähren, schaffen aber – völlig unnötig – unkalkulierbare ökologische Gefahren. Zudem ist es menschenverachtend, ein spezielles Nahrungsmittel für Arme zu entwickeln, angereichert wie optimales Viehfutter. Goldener Reis oder Frolic im 10-Kilo-Sack – wo ist da der Unterschied?

Für einige Firmen ist vegetarisches Frolic für Menschen allerdings ein gutes Geschäft, zumal wenn die Forschung – wie beim Goldenen Reis – vom Steuerzahler finanziert wird. Goldener Reis würde nie die lokale Bevölkerung ernähren können. Schon die Grüne Revolution hat in Indien die jährliche Reis- und Weizenproduktion mehr als verdreifacht. Darunter litt der Gemüseanbau. Also ging der Gemüseverzehr in den Familien seit 1980 um 12 % zurück. Mangelernährung ist die Folge. Nicht mehr Masse bei wenigen Grundnahrungsmitteln, sondern rechtmäßiger, dauerhafter Landbesitz und Vielfalt beim Anbau sind die richtige Strategie gegen Hunger.

In Yunnan (China) pflanzen Bauern – um Pilzbefall zu vermeiden – neuerdings zwei Reissorten abwechselnd nebeneinander. Der Pilzbefall ging um 94 % zurück, der Ertrag erhöhte sich um 89 %. In Argentinien und Brasilien wird zunehmend Land nach dem »Planto-directo«-System bestellt. Der Boden wird nicht mehr gepflügt, sondern bleibt immer bedeckt, so dass die Bodenerosion gestoppt wird. Grünpflanzen werden als Dünger ausgesät. Die Mais- und Sojaerträge stiegen um mehr als 60 %.

Kuba betreibt aufgrund des US-Embargos und nach dem Wegfall der Milliardenhilfe der aufgelösten Sowjetunion gezwungenermaßen seit den 90er Jahren eine radikal alternative Landwirtschaftspolitik: Devisenfressende Traktoren wurden durch Ochsen ersetzt, Mischpflanzungen ersetzen Pestizide, die Bauern wurden intensiv in die neuen Agrarmethoden eingewiesen. Das Ergebnis: Die neuen Mischpflanzungen von Cassava, Bohnen, Mais, Tomaten und Süßkartoffeln sind 1,5- bis 2,8-mal ertragreicher als die früheren Monokulturen.

Selbst dem Klimawandel kann naturnaher Anbau besser trotzen – und zwar nicht nur wegen des genetischen Potenzials größerer Artenvielfalt. Die nachhaltig wirtschaftenden Betriebe in Nicaragua haben den Hurrikan Mitch sehr viel unbeschadeter überstanden als die konventionellen: Ihre Böden können Wasser sehr viel besser halten, deshalb hatten sie 80% weniger Erosion.

Kosten und Preise

Biologischer Landbau braucht nur halb so viel Energie wie industrialisierter Anbau, die Aufwand/Ertrag-Bilanz wird dadurch besser. Dadurch können zum Beispiel höhere Ausgaben für Arbeitskräfte ausgeglichen werden. Nachhaltiger Anbau schafft außerdem Ertragsstabilität. Bodenerosion und Vergiftung des Wassers werden vermieden.

Die Kosten des konventionellen Anbaus, die Kosten der Zerstörung durch Dünger und Pestizide, die Zerstörung von Wasser und Boden, die Vertreibung von Pflanzen und Tierarten aus dem Anbaugebiet müssen sich künftig im Preis konventionell angebauter Produkte niederschlagen. Dänemark, Norwegen und Schweden erheben bereits eine Umweltsteuer auf Agrochemikalien.

Die Externalisierung all dieser Kosten und der globale Zugriff auf Futtermittel haben dazu geführt, dass in Deutschland Lebensmittel so billig sind wie nie. Wir Deutschen geben heute nur noch 14% unseres Nettoeinkommens für Nahrungsmittel aus. Vor 30 Jahren haben wir mehr als doppelt so viel Geld für Ernährung ausgegeben. Bioprodukte sind nicht übermäßig teuer – die Produkte im Supermarkt sind nur unzulässig billig.

Allzu oft hat die Landwirtschaft Sondertarife nicht nur für Diesel, sondern auch für Wasser. Diese indirekten Subventionen führen zu einem horrenden Verbrauch. Es ist fatal, dass nicht das Umwelt-, sondern das Landwirtschaftsministerium in vielen Ländern die Wasserhoheit hat.

Beispiel Saudi-Arabien: Eines der reichsten Länder der Welt betreibt mitten in der Wüste immense Milchfarmen. Für die Herstellung eines Liters Milch werden bis zu 4 000 Liter kostbares Süßwasser verbraucht, Wasser, das größtenteils entweder aus begrenzten Tiefenreservoirs gepumpt oder aus Meerwasser entsalzt wird. Seit kurzer Zeit gibt es ein (im wesentlichen aus dem Landwirtschaftsministerium heraus entwickeltes) eigenständiges Wasserministerium, das sich dem landesweiten Wassermanagement von privaten Haushalten, Industrie und Landwirtschaft widmet: die Subvention nahm Ausmaße an, die auch die dollarverwöhnten Saudis nicht mehr ruhig schlafen ließen.

Keine weitere Runde der Exklusivität durch Patente und überhöhte Zertifizierung

Zur Zeit gibt es weltweit 18 000 Pflanzen, die für die menschliche Nahrung oder als Tierfutter genutzt werden. Im November vergangenen Jahres hat die UN-Organisation für Ernährung und Landwirtschaft (FAO) in einem internationalen Vertrag geregelt, welche Pflanzen so wichtig sind, dass sie als öffentliches Gut gelten und damit von der Agroindustrie nicht patentierbar sein sollen.

Die Tatsache, dass die FAO nur 100 der 18 000 Pflanzen als bedeutsam für die Ernährung einstuft, muss Zweifel an der Kompetenz und der Unabhängigkeit der FAO wecken. Von diesen 100 wiederum wurden nur 35 Nahrungspflanzen und 29 Futterpflanzen zum öffentlichen Gut erklärt. Weizen, Reis, Gerste und Linsen gehören dazu – Soja, Zwiebeln oder Tomaten nicht.

Den größten Reichtum biologischer Vielfalt gibt es in den Ländern des Südens, er ist der Besitz der Menschen, die diese Vielfalt erhalten oder über Jahrhunderte gezüchtet haben. Es ist hochgradig ungerecht und ein Akt von Piraterie, wenn dieser Reichtum nun für Firmen aus dem Norden verfügbar gemacht wird. Es kann allenfalls darum gehen, dass die Menschen des Südens uns – gegen Transferzahlungen – an der Nutzung ihres Reichtums beteiligen – aber nicht umgekehrt. Sonst würde man den Tatbestand des Raubbaus für legitim erklären und dann mit dem Gestus des Menschenfreunds Brosamen für die rechtmäßigen Besitzer fordern!

Neben der Frage der Patente ist der Zuschnitt eines Ökosiegels von entscheidender Bedeutung für Bauern und Bäuerinnen im Süden. Ökologischer Anbau in Nord und Süd braucht ein Ökosiegel, ein Zertifizierungssystem und Kontrollen – so wie wir es weltweit für die Forstwirtschaft mit dem Forest Stewardship Council geschaffen haben. Wichtig ist, dass die administrativen Anforderungen der Zertifizierung so gestaltet werden, dass auch Bäuerinnen und Bauern in Ländern des Südens sie erfüllen können. Wir brauchen einen Standard – aber keine neue Hürde vor den Märkten des Nordens.

Der Süden braucht die Agrarwende im Norden

Die Landbevölkerung in Staaten, die schon vor Jahren an die Nadel der internationalen Nahrungsmittelhilfe gebracht wurden, brauchen verlässliche politische Koordinaten, um statt Welthandelsgütern wieder Produkte für den eigenen Verbrauch anzubauen. Zum Wiederaufbau einer landwirtschaftlichen Produktion für die eigene Bevölkerung muss den Regierungen erlaubt werden, ihren eigenen Produzenten höhere Preise zu ermöglichen als die auf dem Weltmarkt gültigen. Vor allem müssen die Bauern vor Billigimporten hochsubventionierter Konkurrenz aus den USA oder der EU geschützt werden.

153

Das erfordert ehrgeizige Korruptionsbekämpfung nicht nur im Süden, sondern vor allem in den Ausgangsorten der Bestechung, zum Beispiel in Europa. Ansonsten wiederholen sich Situationen wie Anfang der 90er Jahre in Guinea, als die Bauern dort gerade mit dem für sie neuen Kartoffelanbau einmal gut verdienen wollten. Die Ernte war höchst ertragreich. Die Regierung in Conakry erließ ein absolutes Importverbot für Kartoffeln. Aber Holland und Belgien hebelten es per Bestechung aus. So dass Berge von Importkartoffeln Guinea überschwemmten. Da die Menschen im Süden vielfach den abwertenden Begriff »Unterentwicklung« übernahmen, haben Importwaren grundsätzlich ein höheres Prestige als lokale Produkte. Deshalb wurden die Importkartoffeln gekauft, und die Bauern blieben auf ihren Kartoffeln sitzen. Da es keine Möglichkeit gab, sie zu lagern, verfaulten sie.

Mehr Produktion für den eigenen Markt und wirklicher Schutz vor Importen würden langfristig Ernährungssicherheit in den meisten Ländern des Südens schaffen. Dies setzt aber einen harten Kampf mit der WTO, der EU und den USA voraus. Er wird nur zu gewinnen sein, wenn wir im Norden die subventionierte Überschussproduktion aufgeben, wenn wir zum biologischen Anbau übergehen, wenn wir etwas weniger Fleisch und Fisch und mehr Obst und Gemüse aus der eigenen Region essen.

Die Vorteile der Agrarwende für den Norden

Die Verbraucher im Norden hätten davon Vorteile. Sie erhielten gesündere Nahrungsmittel, die außerdem leckerer schmeckten. Sie erhielten qualitative Ernährungssicherheit.

Zur Zeit zwingt die Agroindustrie die Verbraucher im Norden zum Produkthopping: Salmonellen-Gefahr durch

Hühnereier, Hormone in Kalb und Pute, Antibiotika bei Schweinen und Maul-und-Klauenseuche bei Schafen, BSE bei Rindern.

Der konventionelle Futtermittelhandel hat es sogar geschafft, das Ökosiegel in Verruf zu bringen. Er lagerte ökologisch produziertes Getreide in einer Halle, die in der DDR Lagerhalle für Pflanzenschutzmittel wie Nitrofen war. Das Getreide wurde kontaminiert. Die seit Jahrzehnten verbotenen Gifte gerieten so in Hühner, Eier und Puten auch aus ökologischer Produktion.

In der modernen Agroindustrie verdienen Bauern ihr Geld, indem sie mit hohem Investitionsaufwand und hohen staatlichen Subventionen Natur zerstören und Produkte standardisierter, verarbeitungsgerechter Qualität erzeugen. Ihr Erfolg oder Misserfolg hängt mehr von der Brüsseler Quoten- und Preispolitik ab als von der Qualität ihres Bodens.

Die Agrarwende und das neue Bundesnaturschutzgesetz verpflichten die Bauern zur guten fachlichen Praxis. Ziel ist, dass zum Beispiel auf einer Fläche nur die Anzahl Tiere gehalten wird, die sich von ihr ernähren können. Diese Fläche sollte groß genug sein, um die Ausscheidungen der Tiere wieder aufnehmen zu können, ohne dass Nitrate und andere Schadstoffe das Grundwasser anreichern. Der biologische Anbau erlaubt nur zwei Großtiere pro Hektar. Mehr Tiere bringen den Stoffkreislauf aus dem Gleichgewicht.

Von solchen Tier/Fläche-Relationen sind wir in vielen Regionen weit entfernt. Wer nach der Frostperiode etwa in die Landkreise Diepholz, Vechta oder Emsland im Nordwesten Deutschlands fährt, tut gut daran, die Fenster der Regionalbahn nicht zu öffnen. Die ausgebrachte Gülle stinkt zum Himmel. Der Gestank ist die spürbarste Folge der Massentierhaltung. Aber sie hat auch andere, weit schwerer wiegende Folgen: Sie führt zu ökologischen Schäden bei uns und besetzt zu viele Felder im Süden mit dem Anbau von Futtermitteln wie Getreide und Soja.

Das ist eine Verschwendung von Kalorien: Während bei Brot beispielsweise der Kalorienverlust durch die Verarbeitung (mahlen, backen) minimal ist, braucht man zur Produktion von 1 kcal Ei 4 kcal Getreide, zur Produktion von 1 kcal Schweinefleisch 3, für Rindfleisch 10 und für Hühnerfleisch sogar 12.

Tierhaltung und Pflanzenbau müssen deshalb auch in der traditionellen Landwirtschaft wieder in ein ausgewogenes Verhältnis gebracht werden – nicht nur auf den wenigen Biohöfen, sondern auch in der traditionellen Landwirtschaft.

Mit dem neuen Bundesnaturschutzgesetz werden für Landwirte erstmals Standards aufgestellt. Auf erosionsgefährdeten Flächen darf beispielsweise Grünland nicht mehr umgebrochen werden. Das ist ein Beitrag zum Erhalt von Kulturlandschaften.

Obwohl sich die Nahrungsmittelproduktion weltweit globalisiert, bleibt die Gesellschaft im Norden auf die Arbeit ihrer Landwirte angewiesen. Zwar trägt die Landwirtschaft zur gesamten Wertschöpfung in der Bundesrepublik nur eine vergleichsweise kleine Größe bei. Aber wir brauchen die Landwirte zum Erhalt der über Jahrhunderte gewachsenen Kulturlandschaft und der darin entstandenen Artenvielfalt. Würden wir die Landwirtschaft einfach dem Markt überlassen und die 18 Milliarden Euro sparen, die jährlich von Deutschland in den Ländern, im Bund und für die EU an Agrarsubventionen ausgegeben werden, würde das den Steuerzahler zunächst vielleicht freuen. Aber es würde dazu führen, dass bei uns bald ganze Landstriche veröden würden. In den Mittelgebirgen würde sich Landwirtschaft nicht mehr lohnen. Verbuschung und Waldbildung wären die Folge.

Die Unterstützung für Extensivierungsprogramme, Umstellungsbeihilfen für den ökologischen Landbau und Investitionen im ländlichen Raum sind also unabdingbar. Bauern sollen auch künftig gefördert werden, aber nicht mehr über widersinnige Quoten, sondern für zukunftsfähige Arbeit. Es geht lediglich darum, im Sinne globaler Gerechtigkeit und ökologischer Nachhaltigkeit die kontraproduktiven Subventionen zu senken.

Bäuerin und Bauer – nach der Agrarwende ein Beruf mit Zukunft

Die Agrarwende macht das Berufsbild des Bauern anspruchsvoller und vielfältiger. Er wird künftig zum Beispiel auch dafür bezahlt, Kulturlandschaften zu erhalten bzw. wieder aufzubauen, Hecken anzupflanzen, in denen Kleintiere, Vögel, diverse Schädlingsvernichter leben. Viele Bauern werden in lokale Vermarktungsketten einsteigen und für gesunde, frische Nahrungsmittel mit klar feststellbarer Herkunft höhere Preise erzielen.

Andere werden sich neben der Landwirtschaft im Freizeitbereich engagieren. Die Outdoor-Sportarten sind potenzielle Erwerbsquellen für Landwirte. Je mehr Freizeit die Menschen durch Teilzeitarbeit bekommen, desto mehr wollen sie in der Nähe Natur erleben. Pferdehöfe etwa im Saarland haben schon vor Jahren begonnen, sich zu vernetzen, um Wanderritte zu ermöglichen – eine ökologisch sinnvolle Form von Erholung und Tourismus.

Auch der Lernort Bauernhof wird entdeckt werden, je mehr jeder globale Akteur die Notwendigkeit einsieht, dass man sich Grundkenntnisse über ökologische Zusammenhänge erwerben muss. Das Wiener Konzept der Selbsternte-Projekte hat inzwischen erste Nachahmer in Deutschland

(Lehr- und Versuchsbetrieb der Uni Kassel bzw. Biolandbetrieb in Essen). Das Konzept ist einfach: Ein Biolandhof sät Parzellen mit diversen Gemüsearten ein und verpachtet sie dann zu einem festen Preis an Verbraucher, die das Jäten und Ernten in Eigenregie übernehmen. Der Bauernhof bekommt so ein gesichertes Teileinkommen und spart Arbeitskräfte. Die Verbraucher sparen Geld und sehen ihr eigenes Gemüse wachsen. Das ist erlebnisorientierte und praktische Umweltbildung. Wer selbst anbaut, erfährt, wie abhängig der Mensch von einem stabilen Klima ist.

Bauern können auch in den Bereich erneuerbare Energien einsteigen. Im Windfeld Sintfeld im Sauerland beispielsweise erzielen die Bauern zusätzliche Einnahmen aus der Verpachtung von Land an die Betreiber der Windturbinen. Inzwischen gehen sogar schon mehr und mehr Bauern dazu über, die Windräder selbst zu betreiben. Sie beschweren sich bei den Landesregierungen etwa in Stuttgart und München, die ihnen diese Einkommensquelle durch eine restriktive Genehmigungspraxis vorzuenthalten versuchen. Andere Bauern verstromen Raps und Biomasse.

Biomasse ist nicht nur eine Einnahmequelle für Landwirte und nicht nur eine Chance im Kleinen. Der Babykosthersteller Klaus Hipp betreibt seinen ganzen Betrieb mit Energie aus Biomasse und liefert sogar noch Strom an die Kommune. Biogase aus der Tierwirtschaft werden künftig die Heizkosten reduzieren helfen.

Auch eine naturnahe Waldbewirtschaftung setzt Experten und fähige Waldarbeiter voraus. Wald wird ein wichtiger Faktor für die Biomasseverstromung. Energie aus Holz umzuwandeln ist CO_2-neutral und wird daher gefördert.

Ganz neue Gedankenspiele und Anregungen für Agro-Ingenieure eröffnet Amory Lovins. Er zieht in einem Gewächshaus seines Rocky Mountain Institutes auf 2 200 m Höhe Bananen, obwohl die Außentemperatur dort zeitweise unter

40 Grad minus sinkt und die Sonne im Winter an durchschnittlich 39 Tagen gar nicht durch die Wolkendecke scheint. Trotzdem gab es bisher 26 Bananenernten. Das Gewächshaus ist ein solarbeheiztes Passivhaus; nur ein Prozent der benötigten Energie wird durch eine Holzheizung beigesteuert.

In Island beheizt man Gewächshäuser mit Erdwärme. Das Bundesumweltministerium lässt ein Erdwärmekataster erstellen, um im Energiebereich eine weitere, ökologisch sinnvolle Option zugänglicher zu machen. Statt Tomaten im Winter von den Kanaren einzufliegen, könnten sie in der Nähe der Ballungszentren in Deutschland gezogen werden: in erdwärmegeheizten Gewächshäusern.

Die Agrarwende im Norden macht nicht nur das Berufsbild des Bauern vielfältiger und anspruchsvoller. Sie ist zugleich ein Stück Heimatschutz, weil sie nicht nur den ländlichen Raum erhält. Vor allem hilft sie, die Verschwendung globaler Ressourcen für den Futtermittelanbau zu reduzieren, den Wahnsinn zu beenden, dass subventionierte europäische Pfirsiche die Pfirsichproduktion in Südafrika kaputt machen, oder dass subventioniertes Getreide aus dem Norden Produzenten im Süden die Absatzchance nimmt und sie zur Aufgabe zwingt.

WÄLDER – EIN GLOBALES ERBE

Der Weltgipfel für Nachhaltige Entwicklung heißt auf Englisch *World Summit on Sustainable Development (WSSD)*. Man kann trefflich darüber streiten, ob *sustainable* mit *nachhaltig* glücklich übersetzt ist. Nachhaltig, das klingt im Deutschen wie nachholend, weckt bei einigen Assoziationen wie Nachteile, Nachteil. Jedenfalls denkt man nicht gleich an »zukunftsfähig« oder »gerecht« – aber erfreulicherweise wächst trotzdem die Zahl der Menschen, die den Begriff »Nachhaltigkeit« kennen: Vor zwei Jahren waren es erst 13 %, heute schon 27 %. Vor allem wissen 59 %, was nachhaltig ist, auch wenn nur die Hälfte den Begriff kennt.

In einem Bereich aber ist es mehr als gerechtfertigt, von Nachhaltigkeit zu sprechen – beim Erhalt der Wälder. Der Begriff »Nachhaltigkeit« ist nämlich ursprünglich in der Forstwirtschaft entstanden. Schon im 19. Jahrhundert. Trotzdem sind wir beim Schutz der Wälder von Nachhaltigkeit global weit entfernt. Im Gegenteil, wir sind dabei, diese Lebensgrundlage der Menschheit zu zerstören.

Wälder, besonders Urwälder sind sehr viel mehr als die Summe ihrer Stämme: Ein Wald gibt vielen Arten einen Lebensraum, er bietet diverse Nutz- und Heilpflanzen und essbare Tiere, er produziert Sauerstoff, hält das Wasser im Boden und ist ein Erholungsraum. Er trägt zur Stabilisierung des Klimas bei, zum Erhalt des Bodens.

Wälder haben eine Schlüsselfunktion für das Klima, den Wasserhaushalt und die Bewahrung der biologischen Vielfalt. Wälder speichern Kohlenstoff und senken dadurch die Menge der Treibhausgase. Deshalb werden Wälder als Ausgleich im Clean Development Mechanism des Kyoto-Protokolls anerkannt.

Das Kettensägenmassaker

Weltweit existiert heute nur noch eine Waldfläche von 3,8 Milliarden Hektar, das sind halb so viele Wälder wie vor 8 000 Jahren. Der Anteil der Urwälder, der so genannten Primärwälder, ist auf unter 50 Prozent gesunken. Alle zwei Sekunden wird Urwald von der Größe eines Fußballfeldes dem Erdboden gleich gemacht. In den Tropen wurde zwischen 1960 und 1990 ein Fünftel des ursprünglichen Regenwaldes abgeholzt.

Netto verlieren wir derzeit pro Jahr 9 Millionen Hektar Wald. Der Verlust an artenreichen dichten Naturwäldern ist jedoch sehr viel größer, ca. 15 Millionen Hektar pro Jahr. Am schlimmsten ist der Raubbau in Afrika: 5,3 Millionen Hektar, in Lateinamerika sind es 3,4 Millionen Hektar, in Asien 2,4 Millionen Hektar.

Fatal ist vor allem der Rückgang tropischer Regenwälder. Das sind besonders artenreiche Primärwälder beiderseits des Äquators, die eine Niederschlagsmenge von mindestens 2 000 mm Regen pro Jahr haben. Es gibt keine ausgeprägte Trockenzeit, sondern das ganze Jahr herrschen hohe Luftfeuchtigkeit und hohe Temperaturen. Die stufenweise gebauten Regenwälder sind ein bis zu 100 Millionen Jahre altes Ökosystem, ein lebendiges Museum der Erdgeschichte, in dem Tier und Pflanze in vielfältiger Symbiose zusammenleben.

Teilweise leben hier 1000 verschiedene Arten auf einem Quadratkilometer. Eine solche Artenvielfalt hat Europa nicht im Entferntesten. In Costa Rica etwa existieren auf 52 000 km^2 10–12 000 Pflanzenarten – in Großbritannien mit seinen 244 000 km^2 dagegen nur 1 550. Forscher schätzen, dass das kleine Ekuador 16 500–20 000 Pflanzenarten beheimatet – der Kontinent Europa bringt es nur auf etwa 13 000. In Choco (Kolumbien) fanden Forscher auf einem 10 x 100 m kleinen Gebiet 208 verschiedene Baumarten – in ganz Europa gibt es nur ca. 190. Europa hat auch nur etwa 350 Fischarten – Amazonien hat 2–3 000.

Weniger als ein Prozent der Tier- und Pflanzenarten in Regenwäldern ist bisher erforscht – aber wir zerstören diese Vielfalt und dieses Potenzial in großem Stil. Durch die Abholzungen droht in den kommenden fünfzig Jahren der

Verlust von Hunderttausenden von Arten, also in einem Ausmaß wie zuletzt vor 65 Millionen Jahren, in der Kreidezeit.

In den vergangenen vierzig Jahren hat der Mensch die Hälfte der Regenwälder vernichtet, nur 8 Millionen Quadratkilometer sind noch erhalten. Macht der Mensch so weiter, sind sie in vierzig Jahren restlos verschwunden. Die Elfenbeinküste und Indien haben vom ursprünglichen Bestand jeweils nur noch 10 %, Thailand noch 17 %, Costa Rica 25 %, Nigeria und Kolumbien jeweils 40 % und Brasilien 55 %. Die größten zusammenhängenden Gebiete gibt es heute in Amazonien und in Indonesien.

Gefahr droht nicht nur durch Holzfirmen

Mit der Globalisierung wachsen die Gefahren für die Wälder. Abholzung ist nur eine unter vielen. Gemessen am lokalen und globalen Schaden ist das wirtschaftliche Volumen des internationalen Holzhandels eher gering: 114 Milliarden Dollar (1994), also gut doppelt so viel wie die weltweite jährliche öffentliche Entwicklungshilfe. 1,5 Billionen Dollar werden dagegen täglich im Devisenhandel umgesetzt. Der Handelswert der Baumstämme ist lächerlich gering im Vergleich zur Kostbarkeit der Wälder. Bei nachhaltiger Waldwirtschaft wäre das Volumen des gehandelten Holzes geringer, der Preis aber höher, er entspräche der Kostbarkeit des Naturprodukts.

Doch andere Nutzungsinteressen bedrohen den Wald mindestens ebenso wie Kettensägen der Holz- und der Papierindustrie. Ja oft ist die Holzgewinnung nur ein Nebenprodukt, manchmal wird das Holz gar nicht genutzt.

In Ekuador sollen – wesentlich finanziert von der nordrhein-westfälischen WestLB – Erdölvorkommen ausgebeutet werden, die mitten in einem Nationalpark liegen. Neben dem Yasuni-Nationalpark – der sogar unter dem

162

»Schutz« der UNESCO steht – sind zehn weitere Natur- und Wasserschutzgebiete vom Bau der Pipeline betroffen, die ab 2003 jährlich 450 000 Barrel Rohöl an die Küste befördern soll. Die Pipeline kreuzt geologische Bruchlinien des Landes und führt an aktiven Vulkanen vorbei. Ein Pipelinebruch würde einzigartige Ökosysteme zerstören, das Trinkwasser und die Flüsse vergiften. Fische sind für die lokale Bevölkerung aber der wichtigste Proteinspender.

Urwälder werden zudem massiv durch Bergbau zerstört, um Gold, Bauxit und Uran abzubauen. Die dabei eingesetzten Chemikalien vergiften Flüsse und Trinkwasser nicht weniger als die Papier- und Zellstofffabriken.

Wälder – Grundlage menschlicher Kulturen

Der Raubbau an den Wäldern spitzt nicht »nur« die ökologische Frage zu. Er ist kein Problem bloß des Naturschutzes, des Erhalts der Artenvielfalt allein. Wälder sind eine der Grundlagen menschlicher Kultur.

Die Geschichte der Menschheit ist voll von Beispielen, dass Hochkulturen, nachdem sie ihre Wälder vernichtet hatten, in sich zusammenfielen. Jeder Türkei-Tourist kann sich ein Bild davon machen, wenn er Efes, das antike Ephesos, besucht. Es lag ehemals am Meer und war eine blühende Stadt. Es hatte Kanalisation – eine Errungenschaft, die Mitteleuropa erst nach dem Mittelalter kennen lernen sollte. Die Einwohner nutzten gern ihre großen Badehäuser. Für das Badewasser und die Sauna wurde reichlich Holz verfeuert. Auch der Schiffbau und andere Zweige der Wirtschaft ließen die Nachfrage nach Holz rasch steigen. Die mit der Abholzung der Berge einhergehende Bodenerosion schwemmte immer mehr Erdreich ins Meer. Ephesos verlandete und lag nicht mehr am Meer, sondern an einem Fluss- und Sumpfgebiet, das bald

Süßwasser führte. Den Rest erledigte die Malaria. Die einst blühende Stadt wurde von ihren Bewohnern verlassen.

Raubbau an Wäldern hat sich in der Vergangenheit immer wieder gerächt. In China verlagerte sich im 7. Jahrhundert das wirtschaftlich und kulturell aktive Geschehen vom Nordwesten in den Südosten, nachdem die Primärwälder des Nordwestens abgeholzt waren und das Land unwirtlich wurde.

Der Zusammenbruch der Maya-Kultur um 900 n. Chr. im Grenzgebiet von Guatemala und Honduras wird ebenfalls auf die Degradation des Waldes und des Wasserzyklus durch die Landwirtschaft zurückgeführt. Auch das Königreich von Axum im Hochland von Äthiopien verlor nach Meinung von Forschern seine Macht, nachdem es erst seine Wälder und danach seine guten Böden verloren hatte.

Der Erhalt der tropischen Wälder ist nicht nur aus ökologischen und klimapolitischen Gründen eine Notwendigkeit. Sondern auch eine Frage der Gerechtigkeit – ja vielerorts des puren Überlebens. Im brasilianischen Amazonasbecken beispielsweise lebten Anfang des 20. Jahrhunderts noch über eine Million Indios. Heute, zu Beginn des 21. Jahrhunderts, sind es nur noch 200 000. Die großflächige Regenwaldzerstörung tötet ganze Indiovölker.

Ohne Wälder wird auch unsere Kultur nicht überleben. Wälder sind die Lungen unserer Erde. Das Beispiel hinkt zwar, weil die Lunge Kohlendioxid produziert und die Wälder Sauerstoff. Aber: Die Erde braucht Wälder zum Atmen, unsere Lungen brauchen die grüne Lunge Wald.

Rettet die Wälder

Drei Dinge sind zentral: Erstens müssen wir den Schutz der Primärwälder durch ein Netz von geschützten Wäldern sichern. Neben dem Schutz der Primärwälder müssen wir die Waldflächen erhöhen, um das globale und das lokale Klima zu stabilisieren, um Wüstenbildung entgegenzutreten. Zweitens müssen wir global gegen illegalen Holzeinschlag und Produkte daraus vorgehen. Und drittens müssen wir dafür sorgen, dass nur noch nachhaltig produzierte Waldprodukte – seien es Möbel, sei es Papier – global gehandelt werden. Damit Verbraucher hier bewusst entscheiden können, brauchen wir eine klare Kennzeichnung solcher Produkte nach international vergleichbaren Standards.

Ein Netz geschützter Wälder

Wir brauchen ein weltweites Netz geschützter Primärwälder, die in keiner Weise kommerziell genutzt werden dürfen. Selbst wenn man nur einzelne Bäume aus einem Regenwald herausschneidet, richtet man immensen Schaden an, weil die schweren Maschinen den Boden verdichten und die stürzenden Urwaldriesen Lianen und »aufsitzende« Pflanzen mitreißen. Auch ein Abtransport der Stämme durch die Luft verursacht in der Regel Schäden.

Wir brauchen außerdem ein ausgewogenes Verhältnis von naturnah genutzten Wäldern und geschützten Wäldern. Geschützte Primärwälder müssen auch für den Bau von Straßen, Pipelines oder Bergbau tabu bleiben. Denn jedes Zerschneiden, jede Straße ist ein Einfallstor für Holzfäller und für Landlose. Nachdem Holzfirmen die Urwaldriesen fällten, betreiben Landlose Brandrodung, um Anbauflächen zu bekommen, die ihnen zumindest für einige Jahre ihre Eigenversorgung ermöglichen.

Neben diesen Schutzgebieten müssen wir Gebiete ausweisen, die so bewirtschaftet werden, dass das Ökosystem funktionsfähig bleibt. Zum Ökosystem naturnaher Wald gehört nicht nur eine große Vielfalt an Pflanzen und Tieren, sondern Grundlage naturnahen Waldes sind Bäume in allen Altersstadien. Zu einem naturnahen Wald gehört auch Totholz, in dem Pilze und Käfer Nahrung finden und selbst Nahrung für andere sind. Tiere erfüllen wichtige Funktionen für die Pflanzen und umgekehrt. Wald ist eine Kreislaufwirtschaft, in die sich der Mensch wieder einordnen muss. Naturnahe Forstwirtschaft tastet diese Vielfalt nicht an, sie zerstört nicht ganze Teile des Systems, sondern entnimmt dem System nur begrenzte Mengen.

Die Kulturen des Südens bringen sehr unterschiedliche Voraussetzungen für einen Schutz der vorhandenen Wälder oder für Aufforstung und naturnahe Waldbewirtschaftung mit. Nicht überall gibt es Indios wie in Kolumbien, die noch das traditionelle Wissen haben und außerdem von der Regierung mit Landrechten ausgestattet werden.

Ein anderes Beispiel ist Lesotho: Dort wurde schon im 18. Jahrhundert abgeholzt, um Land für Viehzucht zu haben. Bäume sind in diesem Land seit langem so rar, dass es keine Kultur der Baumpflege mehr gibt. Bei Aufforstungsprojekten geht es nicht allein darum, die üblichen technischen Probleme zu bewältigen, sondern die Experten vor Ort müssen vor allem der lokalen Bevölkerung helfen, die Durststrecke der ersten Jahre zu überwinden, die Zeit, bis man den Nutzen der Bäume spürt. Erst wenn die Bäume so groß sind, dass ihre Krone die Verdunstung am Boden reduziert, erst wenn die Oberböden wieder humusreicher und fruchtbarer werden, das Wasser länger halten, erst dann ist die lokale Bevölkerung wirklich vom Nutzen des Projekts überzeugt.

Oder: Wer in Papua-Neuguinea die etwa 3 000 Orchideenarten, die 115 Froscharten, die eierlegenden Säugetiere, die auf Bäumen wohnenden Känguruhs und all die anderen endemischen, nur dort vorkommenden Arten retten will, muss nicht nur die Holzfirmen am Kahlschlag hindern, er muss auch der Bevölkerung Interesse am Erhalt und der lokalen Bevölkerung ressourcenschonende Arten der Landwirtschaft vermitteln und ermöglichen.

Social-forestry-Projekte könnten über Entschädigungen für die Nicht-Nutzung von Primärwäldern teil- oder anschubfinanziert werden. In Amazonien fertigen zum Beispiel Indios aus Kokosfaser Kopfstützen für Autos. Es gibt diverse Möglichkeiten für solche einkommensschaffenden Maßnahmen. Aber Social-forestry-Ansätze helfen immer nur einem Teil der Bevölkerung. Wir müssen auch andere, waldunabhängige Einkommensquellen entwickeln.

Projekte zum Erhalt von Wäldern und selbst zur Wiederaufforstung sind erwiesenermaßen nur erfolgreich, wenn das Bedürfnis der lokalen Bevölkerung nach einer stabilen ökonomischen Perspektive berücksichtigt wird. Die Bundesrepublik gibt für solche Projekte jährlich mehr als 125 Millionen Euro aus. Sie hat sich außerdem bereit erklärt, ihren Beitrag bei der nächsten Auffüllung der *Global Environment Facility* (GEF) so zu erhöhen, dass in den nächsten vier Jahren statt 2 künftig insgesamt 2,7 Milliarden US-Dollar zur Verfügung stehen. Die GEF ist der Fonds, aus dem die Weltgemeinschaft Investitionen für Klimaschutz und zum Erhalt der Artenvielfalt – und demnächst auch zur Bekämpfung hochgiftiger Chemikalien – bezahlt.

Der Schutz der Wälder beginnt im Baumarkt

Doch allen Erhaltungsmaßnahmen, allen Wiederaufforstungsmaßnahmen zum Trotz – der Verlust der Wälder schreitet schneller voran. Und dieser Verlust ist nicht auf den Süden begrenzt.

Abholzungen in großem Stil gibt es auch in Kanada, den USA und in Russland. Die Wälder dort haben jedoch nicht den Artenreichtum tropischer Wälder. Nur noch 11% des russischen Waldes werden heute als intakter Primärwald eingestuft. Ein großer Teil der Wälder wird von Pipelines, Eisenbahnen, Straßen und Bergbau zerschnitten. Kanada hat gut 100 000 Quadratkilometer ursprünglichen Wald vorbildlich unter Schutz gestellt, aber an anderer Stelle betreibt das Land ungerührt weiter Kahlschlag. Pro Jahr verschwinden in Nordamerika 1 Million Hektar Primärwald.

Die Wälder des Nordens sind wichtige CO_2-Senken. Wer im eigenen Land abholzt, zerstört für das globale Klima wichtige Wälder. Er kann dann nicht von den Ländern des Südens verlangen, sie sollten ihre Wälder im globalen Interesse schützen. Auch der Raubbau im Norden muss gestoppt werden.

Dieser Schutz der Wälder muss an vielen Orten stattfinden. Es mag paradox klingen, aber der Schutz der Wälder muss vor allem dort stattfinden, wo es keine gibt: in Städten und Industriezentren. Der Verbraucher als globaler Akteur spielt gerade beim Schutz der Wälder eine wichtige Rolle. Ein Teil der Wälder wird abgeholzt, um Einwegprodukte wie Papier und Essstäbchen, um Zigarettenschachteln und Zigaretten, Fleisch, Obst und Kaffee zu produzieren.

Damit für Käufer transparent wird, ob Holz aus naturnaher Bewirtschaftung oder aus illegalem Einschlag stammt, wurde das Forest Stewardship Council (FSC) Label entwickelt. Dieses Siegel beruht auf international einheitlichen Standards. An der Zertifizierung von Waldflächen sind Umweltverbände und Gewerkschaften beteiligt. Anders als bei anderen Siegeln zertifizieren sich bei FSC die Waldbesitzer nicht selbst. FSC ist deshalb das weltweit anerkannte Kennzeichen für Holz aus nachhaltiger Waldwirtschaft.

Inzwischen gibt es Vorreiter, Firmen, die nur Produkte aus Holz verkaufen, das aus FSC-zertifizierten Forsten stammt. In Deutschland gehört hierzu die größte Bau-marktkette *Obi*, die für diese Praxis von den deutschen Waldbesitzervereinigungen derb beschimpft wurde. Dank FSC kann jeder Kunde mit einem Blick feststellen, ob seine Hartholz-Balkon- und Gartenmöbel aus Raubbau, aus illegalem Holzeinschlag stammen oder aus nachhaltig bewirtschafteten Wäldern. Auch eine der größten Möbelketten der Welt, *IKEA*, erhebt den Anspruch, nur noch zertifiziertes Holz zu verarbeiten.

Zum Schutz der Tropenwälder hat die Bundesregierung 1998 die bundeseigenen Beschaffungsstellen angewiesen, dass, falls bei Baumaßnahmen Tropenholz verwendet werde, dies aus nachhaltiger Waldbewirtschaftung stammen solle. Auch die Regeln des EU-Binnenmarktes dürfen dem nicht entgegenstehen: Es muss die Norm werden, bei (Tro-pen-)Holz nur noch zertifiziertes zu verwenden. Die EU ist schließlich Vertragsstaat der Biodiversitätskonvention. Also muss sie sich an diese Regeln halten.

Die Bundesregierung hat mit der Novelle des Bundesna-turschutzgesetzes die gute fachliche Praxis für alle Forst-wirte in Deutschland verbindlich gemacht. Kahlschlag wie in Kanada ist damit untersagt. Das Ziel ist, naturnahe Wäl-der wiederaufzubauen und sie nachhaltig zu bewirtschaften.

Als Bremer Junge erschien mir der Harz als der Inbegriff eines Gebirges und Waldes. Bis mein Vater mich einmal in den Hassbruch bei Oldenburg mitnahm. Dort war ein Wald, der seit Jahrzehnten sich selbst überlassen worden war. In diesem ›Urwald‹ konnte ich entdecken, dass Wald mehr ist als Fichten, gleich hoch in einer Reihe. Wald be-steht aus ganz unterschiedlichen Bäumen unterschiedlichen Alters.

Spätestens seit dem Fichtensterben aufgrund des Sauren Regens wissen wir alle, dass es im Harz keinen Naturwald gab. Überspitzt gesagt, handelte es sich um eine vormals bergbaulich genutzte Abraumhalde mit Fichtenplantage. Umso erfreulicher ist es, dass im Harz heute ein Nationalpark existiert, in dem die Natur sich schrittweise einen echten Mittelgebirgswald schafft.

Der Nationalpark in Entwicklung hat durch das neue Naturschutzgesetz endlich eine Chance bekommen. Zum Wohle des Waldes, zur Freude der Touristen, die hier natürlichen Wald finden können. Inzwischen ist die Entwicklung so weit gediehen, dass auch einstmals ausgerottete Tierarten im Harz wieder einen Lebensraum finden können. Im 19. Jahrhundert wurde mit großem Halali der letzte Luchs in Deutschland erlegt. Heute siedeln wir diese Tiere im Harz wieder an – 14 Luchse wurden ausgewildert. Es zeigt sich, dass sie eine Chance zum Überleben in der Natur haben. Der Luchs ist zur Leitart für die Wiederherstellung des ursprünglichen Waldes im Harz geworden.

Damit Arten wie Luchse und andere eine Überlebenschance haben, müssen sie Trittsteine für Ortswechsel haben. Deshalb hat das neue Naturschutzgesetz in Deutschland nicht nur Nationalparke und andere Schutzgebiete neu definiert. Es erlegt den Bundesländern auch auf, Biotope zu vernetzen und dafür mindestens 10 % der Fläche des Bundesgebiets vorzusehen.

Für den wirtschaftlich genutzten Teil des Waldes gilt der Standard der guten fachlichen Praxis. Standortheimische Forstpflanzen sollen einen hohen Anteil haben – und nicht länger Plantagen. Die sollten auf die Pflanzung für den jährlichen Bedarf an Christbäumen beschränkt sein. Deshalb werden wir künftig wieder sehr viel mehr gemischten Laubwald pflanzen. Mit Bäumen, die fast vergessen wurden, wie die Elsbeere, die ein wunderschönes, dunkles, hartes Holz hat. Mit der Elsbeere und anderen alten Obstbaumarten können Waldbesitzer übrigens gutes Geld verdienen. Der Stadtwald in meinem Wahlkreis Göttingen wird seit Jahren nachhaltig bewirtschaftet – und liefert seit Jahren beim Stadtkämmerer Gewinn ab.

Auch beim Schutz der Wälder gilt: Wir werden das globale Problem der Vernichtung von Wäldern nicht in den Griff bekommen, wenn nicht im Norden glaubwürdig und konsequent umgesteuert wird – beim Verbrauch natürlicher Ressourcen wie beim Schutz der Artenvielfalt im eigenen Land.

Ein Klagerecht für die Anwälte der Natur

Der Schutz der Wälder und der Artenvielfalt kann nicht allein dem Staat überlassen werden. Für ihren Erhalt müssen sich Menschen aus eigenem Interesse einsetzen. Im Süden gilt es, die traditionellen Waldbewohner mit Landrechten auszustatten und ihre Fähigkeit zu fördern, ihre Interessen zu vertreten: durch Bildung, durch Zugang zum Internet, durch Rechtsberatung, durch Kontakte zu kostenlosen Anwälten oder zu Lobbygruppen wie Global 2000, Robin Wood, FIAN oder Greenpeace.

Die Natur braucht Anwälte, die ihr zu ihrem Recht verhelfen. Dafür gibt es in Deutschland nunmehr bundesweit die Verbandsklage. Der Naturschutzbund Deutschland kann beispielsweise gegen den Bau eines Autobahnteilstücks klagen, das durch ein Brutgebiet für seltene Vögel führen soll. In den jeweiligen Ortschaften, vor Ort sind vielleicht nur ein paar engagierte Bürger, die allein nicht vor Gericht ziehen würden, weil sie die Folgen fürchten. Oder es gibt gar keine Anlieger, also keine klageberechtigten Bürger, weil alles Land schon der öffentlichen Hand gehört. Wenn jetzt aber engagierte Bürger einen Umweltverband informieren, kann der nach dem neuen Bundesnaturschutzgesetz Klage einreichen. Voraussetzung ist, dass der Naturschutzverband vorher staatlich anerkannt wurde – wie dies für alle großen Verbände in Deutschland der Fall ist. Voraussetzung ist aber auch, dass der Verband sich von vornherein an dem Verfahren aktiv beteiligt.

Ziel des Rechts der Verbandsklage ist nicht, möglichst viele Prozesse zu führen. Ziel ist, dass schon in einem möglichst frühen Stadium der Planung die notwendigen Koordinaten für die Natur – etwa zum Schutz von Wäldern – berücksichtigt werden. Die Verbandsklage gibt den Anwälten der Natur Gewicht und damit der Natur in einem Planverfahren eine kräftige Stimme.

Mit dem neuen Bundesnaturschutzgesetz haben wir nicht nur bayerischen, badischen, württembergischen und vorpommerschen Naturschutzverbänden zu Rechten verholfen, die anderswo schon lange selbstverständlich waren. Die Verbandsklage ist ein Modell, das auf globaler Ebene zum Beispiel indigenen Völkern helfen könnte, den Regenwald zu schützen: WWF, Greenpeace, Robin Wood, FIAN oder UNEP könnten, informiert von den Menschen vor Ort, die Rechte der Waldbewohner und des Waldes gegen einen Multi vor Gericht vertreten. Bisher ist das nach dem Völkerrecht, das nur ein Klagerecht von Staaten vorsieht, nicht möglich. Aber die Globalisierung zwingt uns auch zu Reformen des Völkerrechts. Wichtig ist, wie viel Kompetenz diese Schiedsinstanz bekäme – nur zur Mediation oder auch Entscheidungskompetenz oder sogar das Recht, Sanktionen zu verhängen. Denkbar wäre, ein solches Schiedsgericht beim Internationalen Gerichtshof in Den Haag anzusiedeln oder im Kompetenzbereich einer weiterentwickelten UNEP.

Globale Gerechtigkeit ist Voraussetzung für den Erhalt der tropischen Wälder, genauso wie der Erhalt dieser Wälder Voraussetzung für globale Gerechtigkeit ist. Denn Dürre und Klimawandel werden die Menschen rings um den Äquator sehr viel mehr treffen als uns.

4. BEWUSST WELTBÜRGER SEIN – GLOBAL HANDELN

Wir alle neigen dazu, uns gelegentlich nicht so verhalten, wie es vernünftig ist. Wäre das anders, würde nicht so viel geraucht, getrunken und anderen Genüssen nachgegangen. Anders als häufig behauptet, tun wir das nicht aus Unwissenheit. Wir wissen, dass zu viel Rauchen die Gefäße schädigt und Krebs auslösen kann. Wir wissen, dass übermäßiges Trinken die Leber schädigt. Wir wissen, dass dauerndes Fast-Food zu Übergewicht führen kann. Niemand kann sich, treten die Folgen ein, darauf berufen, es nicht besser gewusst zu haben.

Mit dem Erhalt der globalen Ressourcen ist es nicht anders. Die Menschheit leidet nicht an einem Mangel an Wissen. Die Verschwendung und der Raubbau natürlicher Ressourcen geschieht bei vollem Bewusstsein. Die Vernichtung von Urwäldern, das Leerfischen der Meere, die Überhitzung der Atmosphäre – wir wissen um die Risiken, ja haben teilweise die Folgen schon am eigenen Leibe erfahren. Dort, wo das Wissen am größten, die Kenntnis über die Zusammenhänge am entwickeltsten sind, im »entwickelten« Norden, ist die Verschwendung am größten.

Doch wie schon beim einzelnen mit seinen Genüssen und daraus erwachsenden privaten Gewohnheiten wird Appell auf Verzicht nur wenig bewirken. Enthaltsamkeit,

Askese wirkt nur bei einer Minderheit. Viel mehr Menschen schwören dem Rauchen und Trinken Silvester ab und sind spätestens zum Karneval wieder dabei. Wir brauchen Lösungen für diese Mehrheiten.

Die strategische Frage lautet: Wie bringen wir alle globalen Akteure dazu, sich so intelligent zu verhalten, wie sie sind? Oder wie wird aus Sonntagsbewusstsein bewusstes Sein im Alltag?

Das ist keine Frage an den einzelnen Menschen schlechthin. Nicht nur die Angehörigen der globalen Oberschicht sind globale Akteure. Sondern globale Akteure sind auch die gewählten Regierungen, die Parlamente. Globale Akteure sind die großen internationalen Konzerne. Globale Akteure sind große internationale Organisationen von UNEP bis zur WTO. Globale Akteure sind die Nichtregierungsorganisationen wie WWF, Greenpeace oder Attac. Globale Akteure sollten auch die Gewerkschaften sein.

Ihnen allen wäre kaum mit individuellen Rezepten des Verzichts und der Askese beizukommen. Auch aufgeklärte verhaltenstherapeutische Ansätze – ersetze Big Mäc und Dosenbier durch die Genüsse einer leichten, fisch- und gemüsereichen Mittelmeerküche mit Wein – dürften da versagen.

Die verschiedenen Akteure sind unterschiedlich mächtig. Es geht also um die Frage: Welche Akteure muss man fördern, ermächtigen und welche sollte man in ihrem Einfluss begrenzen, entmächtigen?

Die globalen Akteure sind sich ihrer Einflussmöglichkeiten unterschiedlich bewusst. Selbst mächtige globale Akteure entscheiden nicht frei, sondern sind Wettbewerb, Konkurrenz und anderen Mächten ausgesetzt. Der Markt bemeistert seine Produzenten, hat ein klassischer Ökonom resümiert. Der globale Markt bemeistert auch global agierende Konzerne. Es geht um die Frage, wo wir die blinden Kräfte des Marktes begrenzen müssen.

174

Dafür gibt es Beispiele und Initiativen. Es gibt Vorreiter – Vorreiternationen, Vorreiterinstitutionen, Vorreitermedien, Vorreiterfirmen, Vorreiterkommunen und vor allem eine Vielzahl engagierter Bürgerinnen und Bürger. Global aber sind sie noch in der Minderheit.

Donella Meadows, eine der Autorinnen der »Grenzen des Wachstums«, sprach schon Anfang der 70er Jahre vom »global citizen«. Dreißig Jahre nach den »Grenzen des Wachstums« und nach einem Jahrzehnt der Globalisierung müssen sich vor allem die Menschen im Norden der Frage stellen: Warum haben wir in den vergangenen dreißig Jahren kein Weltbürgerbewusstsein entwickelt?

Denn erst aus einem Weltbürgerbewusstsein heraus werden sich Politik, Wirtschaftsweisen und Lebensstile gestalten lassen, die es einer wachsenden Weltbevölkerung ermöglichen, in der einen Welt menschenwürdig und auf Dauer zu leben.

GLOBAL MÄCHTIGE

Dieses Weltbürgerbewusstsein wird den ökologischen und sozialen Rahmen für die Globalisierung zu definieren haben. Dabei wird es in heftige Konflikte geraten. Es wird zunächst aus der Defensive zu handeln haben. Zur Zeit gibt es ein frustrierendes Machtgefälle zwischen Kräften, die kurzfristigem Gewinn Priorität einräumen, und Kräften, die Priorität für den Erhalt der Weltumwelt und globale Gerechtigkeit fordern.

Das bezieht sich nicht nur auf das Machtgefälle zwischen internationalen Konzernen auf der einen und Nichtregierungsorganisationen auf der anderen Seite, auf die Machtlosigkeit armer Staaten des Südens gegenüber reichen Staaten des Nordens oder großen Unternehmen. Festmachen lässt sich dieses Kräfteverhältnis auch an den internationalen Organisationen – etwa zwischen der Welthandelsorganisation (WTO) und dem UN-Umweltprogramm (UNEP). Die Konferenz von Johannesburg wird erste konkrete Schritte unternehmen, dieses Kräfteverhältnis zu verändern.

Die WTO – ein mächtiger Anwalt global agierender Konzerne

Neben den großen Weltkonferenzen von Rio (Umwelt und Entwicklung), Kopenhagen (Soziales) und Beijing (Frauenrechte) gehört die Gründung der WTO 1994 in Marrakesch zu den wichtigen Ereignissen, mit denen versucht wurde, international Globalisierung zu gestalten. Die WTO versteht sich als machtvoller Anwalt des Freihandels. Dies führt zu Interessenkollisionen mit anderen internationalen Rechtsakten – etwa den Standards der internationalen Arbeitsorganisation (ILO) oder den in großer Zahl abgeschlossenen internationalen, multilateralen Umweltschutzabkommen oder dem Verbraucher- und Gesundheitsschutz. Ein bekanntes Beispiel ist die Kontroverse über den Beschluss des Europäischen Parlaments, mit synthetischen Hormonen erzeugtes Kalbfleisch nicht auf den Binnenmarkt zu lassen.

Aber nicht immer geht Handel vor Umwelt. Auch nicht bei der WTO. So hatten die USA den Import von Shrimps aus Ländern verboten, die keinen Schutz für den Beifang von Meeresschildkröten hatten. Indien, Malaysia, Thailand und andere sahen hierin einen Verstoß gegen die WTO-Regeln. In der Berufungsinstanz des WTO-Schiedsgerichts obsiegten aber die umweltpolitischen Gründe für das Importverbot. Ob dieser Einzelfall eine präjudizierende Wirkung entfaltet, bleibt abzuwarten.

Bei der WTO sind unzählige solcher Streitfälle anhängig, und die WTO neigt dazu, im Zweifel dem Freihandel Vorrang vor Umwelt- und Sozialstandards zu geben. Dies hat viel zu ihrem schlechten Ruf bei Nichtregierungsorganisationen und in vielen Ländern des Südens beigetragen. Verschärft wurde diese Kritik durch den Verdacht, dass die Forderung nach Freihandel in den Gremien der WTO ein einseitiges Verlangen des Nordens an den Süden sei.

Lukrative TRIPS für globale Konzerne

Ein Beispiel dafür ist der Umgang mit geistigen Eigentumsrechten – einer immer wichtiger werdenden Ware in einer globalen Wirtschaft, die immer schnellere Innovationszyklen aufweist. Die WTO regelt diese Eigentumsrechte durch das Abkommen über handelsrelevante geistige Eigentumsrechte (TRIPS). Dabei aber stellt sich das Problem, dass gleiche Rechte auf ungleiche Ausgangssituationen angewandt werden. 98 % der Patente sind in der Hand des Nordens, das vergrößert die Kluft zwischen Nord und Süd enorm.

Beispiel AIDS: HIV-infizierte Menschen in den USA und in Europa haben eine vielfach höhere Lebenserwartung und bessere Lebensqualität als Menschen in Afrika. Dort, wo prozentual sehr viel mehr Menschen infiziert sind, sterben sie in kürzerer Zeit. Der Grund: Die krankheitsbremsenden Medikamente sind für sie unerschwinglich – nicht nur für Arme, auch für Lehrer, Ärzte, Schwestern. Als Südafrika vor einigen Jahren erstmals ankündigte, die Medikamente, deren Zusammensetzung bekannt, aber durch Patente geschützt ist, selbst herzustellen, drohte die damalige US-Regierung mit der sofortigen Einstellung aller Transfers.

Der Fall wurde vor einem südafrikanischen Gericht aus-gefochten. Im Ergebnis setzte sich Südafrika gegen die internationalen Pharmakonzerne durch: Südafrika darf pa-tentierte AIDS-Medikamente kopieren und selbst her-stellen.

Inzwischen hat die WTO-Konferenz 2001 in Doha dieses Recht bestätigt: Wenn ein Land den nationalen Notstand er-kläre, entfalle der Patentschutz. Das war eine wegweisende Entscheidung zugunsten globaler Gerechtigkeit.

Eine andere Frage harrt noch gerechter Klärung: Ab wann ist eine Entdeckung eine Entdeckung? Beispiel Kurkuma:

In Indien ist seit Generationen bekannt, dass man selbst das fetteste Fleisch essen kann, wenn man Gelbwurz hin-zufügt. Gelbwurz verhindert, dass sich das Fett im Körper und in den Adern ansammelt. Allerdings hatte Indien nie die Wirkungsweise wissenschaftlich entschlüsselt. Die Firma, die dies nachholte, meldete das Patent an – obwohl sie nichts entdeckte, sondern nur bewies. In diesem Fall ge-lang es indischen Anwälten, das Patent zu Fall zu bringen.

Es ist nicht gerecht, das lokale Wissen des Nordens, die Wissenschaft, zum einzig gültigen Wissen zu erklären und das lokale Wissen des Südens, das Erfahrungswissen, als unerheblich vom Tisch zu wischen. Wenn der eigentliche Entdecker gegen das Patent des Entschlüsslers klagen muss, stimmt etwas nicht. Selbstverständlich muss die wis-senschaftliche Beweisführung als eigene Leistung geschützt werden – aber auch die Entdeckung, das Erfahrungswissen, ist ein schützenswertes Gut. Notwendig ist also ein ge-meinsamer Schutz sowohl der Entdeckung wie der Beweis-führung – und die daraus erzielten wirtschaftlichen Vorteile müssen gerecht geteilt werden.

Es ist für den Erhalt der Weltumwelt und im Sinne globaler Gerechtigkeit unverzichtbar, einen so mächtigen Akteur wie die WTO auf das Vorsorgeprinzip zu verpflichten. Das Beispiel der AIDS-Medikamente zeigt, dass dies in einzelnen Fragen möglich ist, aber viel Konfliktbereitschaft erfordert.

Die Aktionen von Globalisierungskritikern gegen die WTO-Tagung 1999 in Seattle haben auch innerhalb der WTO zu Verunsicherungen geführt. Gleichzeitig haben die Europäer in einer gemeinsamen Anstrengung den Druck auf die WTO erhöht, künftig internationale, multilaterale Sozial- und Umweltstandards zu respektieren. Das Verbot der Kinderarbeit ist kein Handelshemmnis – im Gegenteil, Kinderarbeit ist eine Wettbewerbsverzerrung. Die Minderung von Treibhausgasen durch die Förderung von erneuerbaren Energien ist keine Subvention, sondern die Umsetzung des völkerrechtlichen Kyoto-Abkommens zur Bekämpfung der globalen Erwärmung.

Bei der letzten Runde der WTO in Doha ist es nun gelungen, das Verhältnis zwischen der Forderung nach Freihandel und der Verbindlichkeit von multilateralen Umweltabkommen zum Gegenstand der nächsten WTO-Verhandlungsrunde zu machen. Dieser Schritt nach vorne gelang aufgrund der großen Einigkeit und Nachdrücklichkeit, mit der die Europäische Union ihre Position vertrat.

Damit ist der Weg gewiesen – der Globalisierung auch innerhalb der WTO einen ökologischen und sozialen Rahmen zu geben. Innerhalb dieses Rahmens ist der Handel frei.

Ein Weg, mit globalen Akteuren zu mehr globaler Gerechtigkeit zu gelangen, ist der Dialog mit international agierenden Unternehmen. Global agierende Unternehmen sollen so in die Verantwortung genommen werden.

Es gibt verschiedene Versuche, Firmen zu ökologisch und sozial verantwortlicher Unternehmenspolitik auch im Ausland zu bewegen. Hierzu gehören Public-Private-Partnerships (PPP), freiwillige Selbstverpflichtungen, ein Unternehmensethos, oder der Global Compact der Vereinten Nationen. Richtlinien für den Außenhandel und für die Vergabe staatlicher Garantien für Exporte können hier ebenfalls steuernd wirken.

Global Compact

UN-Generalsekretär Kofi Annan zielt mit dem Global Compact auf eine weltweite Entwicklungspartnerschaft zwischen den Vereinten Nationen und der Wirtschaft ab. Im Januar 1999 lud er auf dem Weltwirtschaftsforum in Davos dazu ein. Im Juli 2000 wurde der Global Compact offiziell ins Leben gerufen, im Oktober 2001 endete die Pilotphase.

Der Pakt verfolgt verschiedene Ziele: Die Wirtschaft solle sicherstellen, dass sie selbst nicht an Menschenrechtsverletzungen beteiligt sei, und sie solle sich darüber hinaus für den Schutz der Menschenrechte engagieren. Die Wirtschaft solle sich für arbeitsrechtliche Errungenschaften einsetzen und insbesondere Kinder- und Zwangsarbeit beseitigen helfen. Sie solle ihren Teil dazu tun, ökologische Herausforderungen zu meistern, unter anderem durch die Entwicklung und Verbreitung umweltfreundlicher Energien und durch verantwortlichen Umgang mit der Natur.

Der Pakt ist kein Verhaltenskodex, sondern versteht sich

als Diskussions- und Lernforum für Unternehmen, Aktienbesitzer, Regierungen, NGO und eben die Vereinten Nationen. Die Verbraucher sollen über das Internet einbezogen sein. Konkret engagiert sind auf UN-Seite ILO, UNHCR, UNDP und UNEP.

Zur Zeit gibt es etwa 63 000 transnationale Konzerne mit rund 690 000 Schwestergesellschaften. Sie stellen die Zielgruppe der UN dar. Würden sich auch nur 10 % dieser Unternehmen beteiligen und an die Regeln halten, wäre das ein großer Erfolg und ein wirklicher Gewinn für Umwelt und Gerechtigkeit.

Leider machen bisher nur rund 400 Unternehmen mit. Davon sind ein Drittel kleine und mittlere Unternehmen. Der Standard für die Mitgliedschaft ist bisher eher niedrig: Sie sollten nicht in Menschenrechtsverletzungen verwickelt sein, sie dürften keine Zwangs- und Kinderarbeit tolerieren, nicht in Verkauf oder Produktion von Antipersonenminen verwickelt sein und nicht gegen relevante Verpflichtungen der UN verstoßen. Als Gründungsmitglieder wurden u.a. die Deutsche Bank, SAP, Nike und die Chemieriesen BASF und Bayer akzeptiert und selbst Shell.

Das Interesse der Unternehmen an einer Teilnahme liegt auf der Hand: Sie können das hohe Ansehen der Vereinten Nationen für sich nutzen und sich als sozial verantwortlich handelndes Unternehmen darstellen. Sie müssen dafür im Gegenzug keine sozialen oder ökologischen verbindlichen Verpflichtungen eingehen.

Der Global Compact fordert von den Unternehmen Berichte, für die klare Richtlinien entwickelt wurden. Diese Berichte und eine kritische Kommentierung durch Wissenschaftler und Nichtregierungsorganisationen sollten via Internet verfügbar gemacht werden. Bisher reichten nur 30 Unternehmen überhaupt Berichte ein, und die entsprechen vielfach nicht den Anforderungen.

Aufgrund dieses zögerlichen Anlaufens hat Kofi Annan im Januar 2002 einen Beirat eingerichtet, dem mächtige bzw. hochrangige Persönlichkeiten angehören, zum Beispiel Rolf Breuer, der damalige Vorstandsvorsitzende der Deutschen Bank, und die Generalsekretärin von Amnesty International, Irene Khan. Dieses Gremium soll die Standards für die Mitgliedschaft verbessern und Ausschlusskriterien vorschlagen.

Code of Conduct

Weiter gehen da unternehmenseigene Selbstverpflichtungen. Sie zielen vor allem auf soziale und bürgerrechtliche Mindeststandards: keine Kinder, keine Zwangsarbeiter und keine Gefangenen einzusetzen. Alle Arbeiter sollen ein Mindestmaß an fairen Arbeitsbedingungen bekommen (Arbeitszeiten, Entlohnung, Kündigung). Soweit das Unternehmen für die Wohnung, Verpflegung und Gesundheit der Angestellten zuständig ist, ist es zu hygienischen und menschenwürdigen Verhältnissen verpflichtet. Umweltvorschriften sollen eingehalten, Technologie und Know-how-Transfer gefördert werden. Korruption soll unterbunden werden. Entscheidungen sollen transparent gestaltet werden. Arbeitnehmer sollen das Recht auf freie Meinungsäußerung und gewerkschaftliche Selbstorganisation erhalten.

Eine solche Selbstverpflichtung ist für das Unternehmen image- und verkaufsfördernd. Bezogen auf den Schutz der Weltumwelt und globale Gerechtigkeit sind die bisher praktizierten Teillösungen einerseits ein Erfolg, haben aber andererseits Schwächen, die allerdings schrittweise behoben werden könnten.

De facto werden bisher etliche Standards häufig nicht eingehalten. Nike etwa gibt offen zu, dass sie in Indonesien den Deal gemacht hätten, Kinderarbeit zu akzeptieren, wenn sichergestellt würde, dass die Kinder zur Schule gingen. Das allerdings könnte man auch erreichen, wenn man für etwas mehr Lohn die Eltern der Kinder einstellen würde. Ein Mangel an ungelernten Arbeitskräften ist beileibe nicht das Problem in Ländern des Südens.

Ob der Lohn für die Billigarbeiter und -arbeiterinnen verdoppelt oder verdreifacht wird, tangiert Unternehmen kaum. Bei Nike etwa entspräche die Verdreifachung des Lohns in allen Produktionsstätten in Ländern des Südens nur 10 % des Promotionsetats der Firma. Peanuts in Wahrheit.

Noch schwieriger ist es bei dem Thema Korruption. Um in bestimmten Ländern Fuß zu fassen – etwa durch Joint Ventures – sei es selbstverständlich, »Behörden Geschenke zu machen«, wie es ein Geschäftsmann ausdrückte. Solche Förderung der lokalen Korruption im Ausland war bis 1999 sogar steuerlich absetzbar. Die neue OECD-Richtlinie zur Korruptionsbekämpfung stellt die Bestechung von Behörden unter Strafe.

Die Achillesferse der freiwilligen Selbstverpflichtungen ist aber zur Zeit das Monitoring: Ist es grundsätzlich möglich? Wer prüft? Gibt es Sanktionen? Bisher begutachten sich die Firmen vorwiegend selbst. Selten werden Gutachter von außen eingestellt. Es gilt, die Unabhängigkeit der Gutachter rechtlich und materiell tatsächlich abzusichern.

Wirklich effektiv würde ein Code of Conduct, wenn beispielsweise Gutachter von UNEP oder UNDP zertifiziert werden müssten. Die Kosten dafür müssten die Unternehmen tragen. Den Code of Conduct in diese Richtung weiterzuentwickeln, halte ich für sinnvoll.

Direktinvestitionen der Privatwirtschaft übersteigen die Transfers der so genannten öffentlichen Entwicklungshilfe um das Vierfache. Also ist es sinnvoll, international agierende Unternehmen in die Anstrengungen für Umweltschutz und Entwicklung einzubinden. Allerdings kommen Auslandsinvestitionen nur einer kleinen Zahl von Ländern des Südens zugute, vorwiegend Schwellenländern. Nach Afrika gehen nur 3% der ausländischen Direktinvestitionen.

Freiwillige Selbstverpflichtungen sind eine sinnvolle Vorstufe international verbindlicher Standards. Die Bundesregierung hat deshalb einen Dialogprozess zwischen Politik, Unternehmen, Wirtschaftsverbänden, Gewerkschaften, Umwelt- und Verbraucherverbänden begonnen. Das Ziel sind Grundsätze für die freiwillige Berücksichtigung von Umweltschutz und Nachhaltigkeit bei Auslandsdirektinvestitionen.

Inzwischen liegen erste Ergebnisse vor. Sie gehen über den reinen Berichtscharakter des Global Compact hinaus. Und, anders als bei vielen Selbstverpflichtungen von Unternehmen, haben sie eine eindeutig umweltpolitische Schwerpunktsetzung.

In den vom Bundesverband der Deutschen Industrie, dem Gewerkschaftsbund und den Umweltorganisationen entwickelten Grundsätzen für Auslandsdirektinvestitionen verpflichten sich die Unterzeichner nicht nur, vor einer Investition die Umweltauswirkungen von Investitionen abzuschätzen. Sie sagen die Einhaltung standortbezogener Umweltziele ebenso zu wie die Anwendung der besten verfügbaren Technik an allen Niederlassungen. Damit soll Umweltdumping vermieden werden. An allen Standorten solcher Unternehmen sollen Umweltmanagementsysteme eingeführt werden – für Europa gibt es hier das EMAS-Zertifikat, weltweit die ISO-Norm 14001. Die Produkte sollen in ihrem ganzen Lebenszyklus, von der Produktion bis zur Verwertung oder Beseitigung betrachtet und Abfälle vermieden werden. Für die Produkte wird eine Haftungsübernahme zugesagt.

Diese Grundsätze bedürfen sicherlich noch der Konkretisierung, aber sie könnten ein großer Schritt nach vorne werden. Erstmalig haben Gewerkschaften, Umweltschützer und Unternehmen versucht, sich gemeinsam auf Standards für Auslandsdirektinvestitionen zu verständigen. Zur Zeit sind diese Vereinbarungen noch im Abstimmungsprozess; es ist offen, ob sie schon für den Weltgipfel in Johannesburg genutzt werden können.

Exportkredite auch ökologisch versichern

Auch in einem weiteren Bereich sind die Bundesregierung und die rot-grüne Mehrheit des Bundestages aktiv geworden. Kaum ein Auslandsgeschäft wird getätigt, dass nicht auch fremdfinanziert wird. Die Kreditvergabe für solche Aktivitäten ist eine Schlüsselfrage. Es liegt nahe, solche Kredite an soziale und ökologische Standards zu binden – vor allem, wenn öffentliche Institutionen beteiligt sind.

So unterzieht die bundeseigene Bank, die Kreditanstalt für Wiederaufbau, alle Maßnahmen der finanziellen Zusammenarbeit bei der so genannten Entwicklungshilfe einer Umweltverträglichkeitsprüfung und stellt bei allen anderen Projekten zunächst die Umwelterheblichkeit fest, um dann gegebenenfalls eine Umweltverträglichkeitsprüfung durchzuführen. Hierbei hilft eine Liste von Projektaktivitäten, die erfahrungsgemäß zu erheblichen Umweltauswirkungen führen.

Generell als erheblich eingestuft sind alle Infrastrukturmaßnahmen vom Straßenbau bis zu Pipelines sowie die Nutzung geologischer Ressourcen vom Bergbau bis zur Ölförderung. Das Ziel ist, negative Auswirkungen auf natürliche Ressourcen wie Wasser oder Wald zu vermeiden, z. B. durch die Wahl anderer Bewirtschaftungsmethoden.

Ausdrücklich lehnt es die KfW ab, Projekte zu finanzieren, die mit Eingriffen in den primären Tropenwald, mit der Verwendung von Asbest oder FCKW verbunden sind, oder die eindeutig gegen Vorschriften internationaler Umweltabkommen verstoßen. Beileibe nicht alle öffentlichen Banken in der Bundesrepublik Deutschland verhalten sich so, sonst wäre der Pipelinebau durch den Urwald Ekuadors nicht finanziert worden.

Andere – private – Banken vergeben bei Exporten Kredite häufig nur, wenn der Staat diese gegen Ausfälle versichert. Die deutsche Exportkreditversicherung heißt Hermes. Solche Hermes-Kredite sind in der Vergangenheit häufig für ökologisch und sozial fragwürdige Projekte ausgegeben worden. Die vom Bundestag verabschiedeten Richtlinien zur Berücksichtigung von ökologischen, sozialen und entwicklungspolitischen Gesichtspunkten bei der Übernahme von Ausfuhrgewährleistungen richten sich nunmehr auch an dem Leitbild einer nachhaltigen Entwicklung aus.

Ausgeschlossen sind damit unter anderem Gewährleistungen für den Export von Nukleartechnologie für Neubauten sowie Nachrüstungen von Atomkraftwerken. Alle Projekte mit einem Auftragswert von mehr als 15 Mio. Euro müssen ein Screening-Verfahren auf Umweltrelevanz durchlaufen. Sind Auswirkungen auf Primärwälder, Bioreservate, indigene Völker oder andere besonders sensible Faktoren zu erwarten, erstreckt sich die Prüfung auch auf Projekte von kleinerem Wert.

Diese Ansätze gilt es auszubauen und letztlich zu globalisieren – damit nicht ständig die Klage über angebliche Wettbewerbsnachteile zwischen den Ländern des Nordens als Vorwand zur Verletzung sozialer und ökologischer Standards herangezogen wird.

ANWÄLTE DER NATUR GLOBAL ERMÄCHTIGEN

Der kooperative Stil, der sich in den 90er Jahren international durchgesetzt hat, beginnt also die ersten kleinen Früchte zu tragen. Aber so wie sich im Inland Umweltpolitik nicht allein auf Freiwilligkeit beschränken kann, bedarf es zur Herstellung globaler Gerechtigkeit neben ökonomischen Instrumenten und Selbstverpflichtungen rechtlich verbindlicher Vereinbarungen. Deren Umsetzung aber gilt es sicherzustellen. Letztlich zählt nur das, was die Situation vor Ort ändert. Für diese Umsetzung müssen bestimmte globale Akteure gestärkt werden. Das gilt für Nichtregierungsorganisationen – und für die Umwelt-, Sozial- und Entwicklungsstrukturen der Vereinten Nationen.

Eine Welt-Umweltorganisation

Bisher sind die Zuständigkeiten für den Erhalt der Umwelt auf verschiedene UN-Programme und -Institutionen aufgeteilt (UNEP, GEF, CSD). Das Umweltprogramm der Vereinten Nationen, UNEP, wurde 1972 eingerichtet. Es hat keine eigenen Projekte wie UNICEF oder das UNHCR, sondern soll auf die anderen Institutionen positiv einwirken. Das Umweltprogramm in Nairobi hat mit Studien immer wieder auf die exponentiell wachsende Umweltzerstörung hingewiesen – konnte sie aber nicht aufhalten. UNEP hat kein Recht, Sanktionen zu verhängen oder gar durchzusetzen. Nicht einmal Schlichtungskompetenz, wie sie die WTO hat.

Für seinen weltweiten Auftrag stehen lediglich 530 Mitarbeiter zur Verfügung – das deutsche Umweltbundesamt hat etwa doppelt so viele, die amerikanische Umweltagentur sogar mehr als 18 000 Mitarbeiter. Zusätzlich wird die Position von UNEP durch eine auf Freiwilligkeit beruhende Finanzierung geschwächt.

Der Weltgipfel in Johannesburg soll deshalb die Stärkung und Absicherung des UN-Umweltprogramms mit eigenem Budget und eigener Mitgliedschaft einleiten. Ich plädiere sehr dafür, dass UNEP neben den Beiträgen der Mitgliedstaaten als Treuhänder auch die Einnahmen aus den Nutzungsentgelten und möglichst auch aus der Tobin-Steuer erhält, um damit natürliche Ressourcen im Süden zu erhalten.

Daneben muss die Global Environmetal Facility – der Welt-Umwelt-Fonds – kräftig wieder aufgefüllt werden. Nachdem sie mit neuen Aufgaben im Rahmen des Kyoto-Protokolls und der POP-Konvention ausgestattet wurde, kann sie sich nicht erneut für vier Jahre mit 2 Milliarden US-Dollar begnügen. Die Bundesrepublik tritt für eine Erhöhung auf 2,7 Milliarden US-Dollar ein.

Verbraucher handeln global

Globale Gerechtigkeit wird es nur durch mehr Ökologie geben. Sie muss im Norden beginnen. Sie beginnt an der

Ladentheke. Jeder Verbraucher ist ein globaler Akteur, und er kann seinen Beitrag leisten.

Die Lebensmittelskandale in Deutschland und die Ablehnung gentechnisch veränderter Lebensmittel haben in Deutschland die Verbraucherbewegung anwachsen lassen. Die Konsummuster ändern sich: Fair gehandelte Produkte und Bio-Ecken finden sich heute in jedem besseren Supermarkt. Gruppen, die auf qualitative Nahrungssicherheit pochen, und Gruppen, die global gerechte Konsummuster erreichen wollen, schaffen Synergieeffekte. Neben den bewährten Weltläden, der gepa und anderen fairen Handelsunternehmen haben sich in den 90er Jahren neue lokale Akteure mit globalem Anspruch etabliert.

Immer mehr Verbraucher sind bereit, für den praktischen Boykott von Kinderarbeit und chemisch belasteter Nahrungsmittel etwas mehr zu zahlen. Sie schaffen mit dem Kauf fair gehandelter und zertifizierter Produkte für die Produzenten im Süden ökologisch und wirtschaftlich eine sehr viel bessere Basis, als es eine Lohnarbeit auf der Plantage eines Multis könnte. »Trade statt aid« möchte ich deshalb umformulieren in: Fair Trade ist die beste Hilfe.

Niemand muss Shrimps genießen, für die Mangrovenwälder vernichtet wurden. Inzwischen sind die ersten Shrimps-Farmen mit dem Gütesiegel des biologischen Landbaus zertifiziert. Die Erfahrungen mit Labels sind gut. Viele Verbraucher wollen gekennzeichnete Ware und fragen bei Weltmarktgütern nach Labels: bei Teppichen, bei Holz, bei Blumen etc.

Die öffentliche Hand könnte diese wichtige Arbeit von Fair-trade-Unternehmen enorm unterstützen, wenn sie in den Verträgen mit den Betreibern von Behördenkantinen darauf bestünde, dass dort nur fair gehandelter Kaffee, Tee und Schokolade aus biologischem Anbau angeboten werden dürfte.

Allerdings: Auch wenn die lokale Ebene noch so engagiert ist, bleibt die Notwendigkeit, global zu handeln, strukturelle Änderungen herbeizuführen. Denn ansonsten steht die lokale Ebene den durch die Globalisierung vielfältiger gewordenen Zugriffsmöglichkeiten am Ende doch wehrlos gegenüber.

Als ich noch in der niedersächsischen Landespolitik engagiert war, habe ich zum Beispiel lokale Initiativen gegen den Torfabbau am Steinhuder Meer unterstützt. Wir haben uns an die Verbraucher gewandt. Statt Torf zu verwenden, mulchen inzwischen viele Deutsche. Eine große Baumarktkette führt schon gar keinen Torf mehr. Als ich kürzlich wieder am Steinhuder Meer war, sagten mir die Anwohner allerdings, der Torfabbau gehe weiter. Sogar noch schlimmer als früher. Die Torfabbaurechte reichen nämlich noch bis 2008. Die LKW, die Orangen aus Marokko und Südspanien nach Hamburg bringen, nehmen auf dem Rückweg Torf mit.

Die Ausweitung des Handels und die zu niedrigen Transportkosten haben in Verbindung mit einem Rechtstitel aus der Kaiserzeit den Torfverzicht der deutschen Verbraucher unterlaufen. Die Politik ist es deshalb den Verbrauchern, an deren ökologische Vernunft wir ja appellieren, schuldig, dafür zu sorgen, dass die lokale Verhaltensänderung auch Sinn macht. National, indem das Bergrecht nicht länger Vorrang vor dem Naturschutz hat, international und national, indem Transportpreise auch die Transportkosten spiegeln. Zudem bedarf es eines internationalen Schutzes der Moore – denn sonst führt das Ende des Torfabbaus in Deutschland lediglich zum Aufschluss neuer Abtorfflächen, etwa in den baltischen Ländern.

Umgekehrt ist die globale Ebene auch auf die lokale an-

gewiesen. Beispiel: Kaviar. Der Stör ist durch das Washingtoner Artenschutzgesetz geschützt. Aufgrund der fort-
schreitenden Nachfrage der globalen Oberschicht wächst
der illegale Störfang trotzdem weiter. Er übersteigt heute
den legalen Fang um das 10- bis 12fache. Die Kaviarmafia
am Kaspischen Meer verdient damit jährlich mehr als 1 Milliarde Euro. Die internationale Politik hat gehandelt. Sie hat
den Handel mit Kaviar und Kaviarprodukten beschränkt.
Das hilft den Menschen am Kaspischen Meer. Hielte der
vom Handel beförderte Raubbau an, würde der Stör aussterben. Das würde das Geschäft der Kaviardealer beenden.
Es würde auch der lokalen Bevölkerung eine Einkommensquelle zerstören.

Den Satz »Global denken, lokal handeln« möchte ich deshalb lieber umformulieren in »Global denken, global und
lokal handeln«. Medien könnten dabei eine herausragende
Rolle spielen.

EINE GLOBALE ÖFFENTLICHKEIT
ENTSTEHT ERST ALLMÄHLICH

Wir haben zwar weltweit präsente Medien – aber keine globale Öffentlichkeit. Es gibt trotz Englisch als Lingua franca
der Welt, trotz CNN keine globale Öffentlichkeit. Es gibt
unzählige Öffentlichkeiten, die die Welt aus ihrer jeweiligen, sehr nationalstaatlich geprägten Optik betrachten. Wer
nur einmal die Deutsche Welle, Al Dschasira, BBC und
CNN über ein und denselben Konflikt hat berichten sehen,
muss denken, es handele sich um höchst unterschiedliche
Ereignisse. Gut, dass man verglichen hat – nur, wer kann
das?

Was ist berichtenswert? Was sich bebildern lässt. Flutkatastrophen, Folgen von Wirbelstürmen, Waldbrände werden gerne gezeigt. Bricht dann allerdings irgendwo anders eine Katastrophe aus, zieht die Karawane weiter und der Fernsehzuschauer wird Konsument anderer Nachrichten. Die Auswahl ist beliebig.

Das, was zu der Häufung von Wetterkatastrophen geführt hat, ist schlecht darstellbar. Die Forschungsberichte des International Panel on Climate Change erreichen nur in Kurzfassung die Leser der »Frankfurter Rundschau«. Wirklich abbildbar ist die langsam steigende globale Erwärmung erst, wenn es zu spät ist, wenn es wieder einmal irgendwo richtig stürmisch kracht wie beim Orkan Lothar im Dezember 1999.

Das ist nicht neu, schon gar nicht für die Umweltpolitik. So gehen die großen umweltpolitischen Schritte in der Bundesrepublik auf bereits eingetretene Katastrophen zurück: Die Einführung des Katalysators war die Reaktion auf das Waldsterben, das Immisionsschutzgesetz Folge der Chemiekatastrophe von Seveso – und die Gründung des Bundesumweltministeriums die Antwort auf die Reaktorkatastrophe von Tschernobyl.

Die neuen Probleme einer globalisierten Welt aber bedürfen einer Kultur und einer Politik der Vorsorge und Vorbeugung auf der globalen Ebene.

Das Internet als Retter?

Ohne Zweifel hat das Internet die Herausbildung einer globalisierten Öffentlichkeit befördert – vor allem weil es, im Guten wie im Schlechten, die Trennung zwischen Sender und Empfänger aufgehoben hat. Es gibt jedem die Möglichkeit, selbst Anbieter von Information zu sein. Das Internet ist noch nicht von den Interessen großer Konzerne und Nationalstaaten beherrschbar. Demokratische und diktatorische Regimes haben sich bei dem Versuch, es zu kontrollieren, schon die Zähne ausgebissen. Das Internet ist schnell, ermöglicht den Gebildeten der globalen Oberschicht, die Strom, einen Computer und ein Modem haben, die Teilnahme.

Das Internet ist ein wichtiges Hilfsmittel für Aktivisten. Ohne die dadurch hergestellte globale Vernetzung wäre nie so schnell eine weltweite globalisierungskritische Bewegung entstanden, die heute mit dem Weltsozialgipfel in Porto Alegre die Gegenöffentlichkeit zum Weltwirtschaftsgipfel herstellt – auch in etablierten, wirtschaftsnahen Medien.

Das Internet hat sich bewährt – etwa indem es die Argumente und Positionen der Globalisierungskritiker globalisiert und durch diese Vernetzung gestärkt hat. Es bewährt sich in der Selbstorganisation von Gegenöffentlichkeit. Auch hier im Guten wie im Schlechten: Es ist ein Instrument für chinesische Bürgerrechtler wie für US-Neonazis.

Doch das Internet ist ein individuelles Medium. Handelnde Öffentlichkeit setzt aber Gemeinsamkeit voraus. Von einer so verstandenen Globalen Öffentlichkeit, die wirklich global Druck ausüben könnte, sind wir noch entfernt. Die globale Vernetzung der Aktivisten kann aber helfen, die Grundlagen eines Weltbürgerbewusstseins zu schaffen.

5. EINE ANDERE WELT IST MÖGLICH

Dreh- und Angelpunkt jeder Strategie für die Weltumwelt ist die Frage, ob die Akteure – ob Aktienbesitzer, ob Manager, ob Journalist, ob Politiker, ob Verbraucher – sich bewusst sind, dass ihre Entscheidung Konsequenzen für das gesamte Wohnhaus Erde hat. Ob sie sich ihrer Verantwortung und ihrer Einflussmöglichkeiten als Bürger der Welt bewusst sind.

Seit dem Gipfel von Rio versuchen etliche Kommunen im Sinne der Lokalen Agenda 21 ihren Ressourcenverbrauch zu reduzieren. Allein in Deutschland gibt es mehrere hundert. Es gibt auch immer mehr Städtepartnerschaften mit Kommunen des Südens, die konkret Hilfe leisten und zugleich das Wissen voneinander vertiefen. Die Anteilnahme wächst und das Bewusstsein, alle Bürger dieser einen Welt zu sein. Wer das Bewusstsein eines *global citizen* hat, fühlt sich Menschen in Bangladesh oder Feuerland mehr und vor allem anders verbunden als jemand, der sich als Stuttgarter oder als Franzose definiert.

Weltbürgerschule

Wie solches Weltbürgerbewusstsein entsteht, kann man z.B. im Erlanger Ohm-Gymnasium erleben. Dieses Gymnasium

194

hat sich für die Öko-Audit-Zertifizierung beworben und ist damit ein Pionier der Weltumweltbildung. Die Schule begreift sich mit diesem Öko-Audit als Teil eines ökologischen Kreislaufs, als Teil der Weltumwelt. Die Schüler planten eine komplette energetische Nachrüstung der Schule, berechneten die Abwärme, den Stromverbrauch. Sie besorgten Energiesparlampen und planten Solaranlagen. Sie reduzierten die Kosten für Wasser, Öl und Strom. Die Müllgebühren sogar von 30 000 DM im Jahr auf 7 300 DM.

Für dieses Überlebens-Training wurden Schulstunden geopfert, Lehrpläne verletzt, Klassenarbeiten fielen aus. An die Stelle des Curriculums und der Benotung traten gemeinsames Forschen, Kooperation und Kreativität. Die Schüler mischten sich ein und übernahmen Verantwortung. Sie erlebten sich selbst als fähige und kompetente Gestalter, als Zoon politikon in einem globalen ökologischen Kontext. Obwohl sie selbst noch Kinder und Jugendliche waren.

In solchen Aktivitäten, in diesem Engagement schlägt sich Weltbürgerbewusstsein nieder. Wir sehen es aufblitzen in den Demonstrationen aus Anlass von WTO-Verhandlungen, in den Kampagnen des WWF zum Kyoto-Protokoll, beim Weltsozialgipfel in Porto Alegre – aber auch, wenn das etablierte Weltwirtschaftsforum sich plötzlich genötigt sieht, aus den Bergen von Davos herabzusteigen und den Dialog mit seinen Kritikern zu suchen.

All diese Aktivitäten zeigen: Eine andere Welt ist möglich. Die Globalisierung ist kein blindes Schicksal. Der Raubbau an den Lebensgrundlagen dieser Welt geschieht nicht zwangsläufig. Politik kann diese Welt gestalten – der über Jahre prägende Verzicht auf Gestaltung war selber Politik. Die Globalisierung ist nicht das Ende von Politik – sie erfordert, Politik zu globalisieren.

Dafür sind feste multilaterale Bündnisse ebenso notwendig, wie globalisierte Basisbewegungen hilfreich. Das Volk von Seattle hat an einer Stelle für kurze Zeit eine globale Öffentlichkeit entstehen lassen. Insbesondere der Europäischen Union ist es gelungen, global ökologische und soziale Standards durchzusetzen. Der Ausbau und die Stärkung der EU ist auch für die Herstellung globaler Gerechtigkeit von großer Bedeutung.

Globale Gerechtigkeit erfordert, Politik für die Mehrheit aller Bürger dieser Welt zu machen – aber sie muss nicht nur in diesem Sinne mehrheitsfähig sein.

Globale Gerechtigkeit ist eine Bewährungsprobe für die Demokratie – denn die ist nationalstaatlich organisiert und wird dies auch bleiben. Globale Gerechtigkeit bedarf also auch nationaler Mehrheiten. Nur wenn die Bürger national für eine verantwortliche, von Weltbürgerbewusstsein bestimmte Politik votieren, nur dann wird das Ziel erreicht werden können.

Hier hat es – gerade in Europa – in letzter Zeit Rückschläge gegeben. Ängste vor der Globalisierung, ja vielfach blanker Wohlstandschauvinismus haben auch in Vorreiterstaaten wie Dänemark und den Niederlanden rechtspopulistische Parteien an die Regierung gespült. Beide Länder waren in Fragen des globalen Umweltschutzes ebenso Vorreiter, wie sie beim Anteil der so genannten Entwicklungshilfe am Bruttosozialprodukt Vorbild waren. Heute wollen sie sich ängstlich von der Welt und vor allem von Zuwanderung abgrenzen. In der Umweltpolitik Dänemarks wird eine dramatische Kehrtwende vollzogen.

Damit kommt den Wahlen in der Bundesrepublik Deutschland eine zentrale Bedeutung nicht nur für Europa, sondern weit darüber hinaus zu. Im größten Land der Europäischen Union wird mit darüber entschieden, ob ökologische und soziale Rahmensetzung für die Globalisierung weiterhin die Haltung Europas ist – oder ob wir zu einer Politik der Standortkonkurrenz des Jeder gegen Jeden übergehen.

Globalisierung gerecht gestalten oder die globale Ell-
bogengesellschaft der Standortkonkurrenz – das ist heute
die Scheidelinie zwischen links und rechts, national wie
global.

Eine gerechte Welt ist von Vorteil

Die sozialdemokratische und die ökologische Linke Europas haben in den Regierungen der letzten Jahre vieles auf
den Weg gebracht. Selbst in scheinbar rechten Kompetenz-
bereichen wie Sanierung der öffentlichen Finanzen, Modernisierung verkrusteter Wirtschaftsstrukturen haben sie
Beachtliches geleistet. Sie haben über die Vielzahl dieser
Reformen aber Eines vielfach vernachlässigt: Sie haben den
Menschen die Idee hinter dieser Politik nicht mehr vermit-
telt. Sie haben manchmal keinen Sinn mehr gestiftet. Die
Linke an der Regierung ist technokratisch geworden.

In die Lücke ist die Rechte angstmachend und »sinnstif-
tend« gesprungen. Es ist für Linke an der Zeit, diese Lücke
zu schließen. Deutlich zu machen, was die Idee hinter den
unzähligen Reformschritten ist.

Wir wollen globale Gerechtigkeit, weil sie die Zukunft
unserer Kinder sichert und weil sie von Vorteil ist. Es ist
von Vorteil, sich verantwortlich zu verhalten.

Wir betreiben Klimaschutz, weil er die globale Erwärmung vermindert, weil das dem Süden die Chance für eine
eigenständige Entwicklung gibt, weil das hilft, unsere Wirtschaft zu modernisieren, und weil dies zu Hunderttausenden neuer Arbeitsplätze hier führt.

Wir steigen aus der Atomenergie aus und in erneuerbare
Energien ein, weil wir damit ein globales Risiko vermin-
dern, weil wir damit Versorgungssicherheit schaffen, weil
Sonne und Wind dem Süden neue Entwicklungschancen

eröffnen, und weil der Bau wie der Export solcher Anlagen neue, sichere Arbeitsplätze schafft.

Ja, wir schützen mit dem Bundesnaturschutzgesetz die Natur um ihrer Selbst willen, aber wir schützen sie auch, weil wir nur dann von anderen erwarten können, dass sie ihre Natur schützen, und weil nur dies dazu führt, dass auch unsere Enkel diesen Planeten als Lebenswelt betrachten.

Globale Gerechtigkeit wird es nur mit einer intakten Weltumwelt geben. Wir im Norden müssen damit anfangen. Wir haben davon viele Vorteile. Wichtiger aber: Alle haben davon Vorteile.

Weiterführende Literatur

Hoering, Uwe: Privatisierung im Wassersektor. Hrsg: WEED, zu beziehen über WEED, Bonn, 2001

Jahresberichte zur Menschlichen Entwicklung (UNDP)

Lovins, Amory / Hennicke, Peter: Voller Energie. Vision: Die globale Faktor-Vier-Strategie für Klimaschutz und Atomausstieg. Frankfurt am Main 1999

Lovins, Amory B. / Lovins, L. Hunter / von Weizsäcker, Ernst Ulrich: Faktor Vier. Doppelter Wohlstand – halbierter Naturverbrauch. München 1996 (9)

Sachs, Wolfgang: Planet Dialectics: Explorations in Environment and Development. London 1999

Sachs, Wolfgang: Nach uns die Zukunft. Der globale Konflikt um Gerechtigkeit und Ökologie. Frankfurt am Main 2002.

Scheer, Hermann: Solare Weltwirtschaft. Strategie für die ökologische Moderne. München 1999 (3)

Schmidt-Bleek, Friedrich: Das MIPS-Konzept: weniger Naturverbrauch – mehr Lebensqualität durch Faktor 10. München, 2000

Sen, Amartya: Ökonomie für den Menschen. Wege zu Gerechtigkeit und Solidarität in der Marktwirtschaft. München 2000

Wackernagel, Mathis / Rees, William: Unser ökologischer

Fußabdruck. Wie der Mensch Einfluß auf die Umwelt nimmt. Berlin u.a., 1997

Wissenschaftlicher Beirat der Bundesregierung für Globale Umweltveränderungen: Entgelte für die Nutzung globaler Gemeinschaftsgüter. Sondergutachten. Berlin 2002

Verzeichnis der Abkürzungen

AAAS	American Association for the Advancement of Science (Amerikanische Gesellschaft zur Förderung der Wissenschaft)
AKP-Staaten	ca. 70 Staaten Afrikas, der Karibik und des Pazifiks, die besondere Handelsbeziehungen mit der EU haben
AOSIS	Alliance of Small Island States (Allianz der kleinen Inselstaaten)
ASEAN	Association of South East Asian Nations (Verband Südostasiatischer Staaten)
BP	British Petrol
CDM	Clean Development Mechanism (Mechanismus für umweltverträgliche Entwicklung)
CSD	Commission on Sustainable Development (UN-Kommission zur nachhaltigen Entwicklung)
DDT	Dichlordiphenyltrichloräthan
ECOSOC	Economic and Social Council (Wirtschafts- und Sozialrat der Vereinten Nationen)
EEG	Erneuerbare-Energien-Gesetz
EMAS-Zertifikat	Eco-Management and Audit Scheme

	(System für das Umweltmanagement und die Umweltbetriebsprüfung)
EU	Europäische Union
FAO	Food and Agriculture Organization (Ernährungs- und Landwirtschaftsorganisation der Vereinten Nationen)
FCKW	Fluorchlorkohlenwasserstoffe
FIAN	FoodFirst Information & Action Network (FoodFirst Informations- und Aktionsnetzwerk)
FIPS	Flächenintensität pro Service-Einheit
FSC	Forest Stewardship Council (Label)
GEF	Global Environment Facility (Globale Umweltfazilität)
gepa	Gesellschaft zur Förderung der Partnerschaft mit der Dritten Welt mbH
GuD	Gas- und Dampfkraftwerke
G8	„Gruppe der Acht", führende westliche Industrienationen inklusive Russland
G77	Gruppe der (ursprünglich) 77 Entwicklungsländer, die 1964 gegründet wurde, um die Interessen der Dritten Welt effektiv vertreten zu können.
HIPC	Highly Indebted Poor Countries (hochverschuldete arme Länder)
ICAO	International Civil Aviation Organization (Internationale Luftfahrtorganisation)
ILO	International Labour Organization (Internationale Arbeitsorganisation)
IPCC	Intergovernmental Panel on Climate Change (Zwischenstaatlicher Ausschuss für Klimawandel)
IWF	Internationaler Währungsfonds

KfW	Kreditanstalt für Wiederaufbau
kWh	Kilowattstunde
KWK	Kraft-Wärme-Kopplung
MAI	Multilateral Agreement on Investment (Multilaterales Investitionsschutzabkommen)
Mercosur	Mercado Común del Sur (Gemeinsamer südamerikanischer Markt)
MIPS	Materialintensität pro Service-Einheit
NAFTA	North American Free Trade Agreement (Freihandelsabkommen zwischen den USA, Kanada und Mexiko)
NGO	Non-governmental Organization (Nichtregierungsorganisation)
ODA	Official Development Aid (Öffentliche Entwicklungshilfe)
OECD	Organization for Economic Cooperation and Development (Organisation für wirtschaftliche Zusammenarbeit und Entwicklung)
OPEC	Organization of the Petroleum Exporting Countries (Organisation Erdöl exportierender Länder)
ÖPNV	Öffentlicher Personennahverkehr
PCB	Polychlorierte Biphenyle
PCP	Pentachlorphenol
POP	Persistent Organic Pollutant (persistenter organischer Schadstoff)
PPP	Public Private Partnership (Entwicklungspartnerschaft der öffentlichen Hand mit der Wirtschaft)
SADC	Southern African Development Community (Entwicklungsgemeinschaft des südlichen Afrika)

STABEX	Stabilisierungssystem für ausgewählte landwirtschaftliche Rohstoffe
SYSMIN	System zur Stabilisierung der Ausfuhrerlöse bei Bergbauerzeugnissen
TRIPS	Trade Related Aspects of Intellectual Property Rights (Abkommen über handelsrelevante geistige Eigentumsrechte)
UNO	United Nations Organization (Vereinte Nationen)
UNDP	United Nations Development Program (Entwicklungsprogramm der Vereinten Nationen)
UNEP	United Nations Environment Programm (UNO-Umwelt-Programm)
UNESCO	United Nations Educational, Scientific and Cultural Organization (Organisation der Vereinten Nationen für Bildung, Wissenschaft, Kultur und Kommunikation)
UNHCR	United Nations High Commissioner for Refugees (Der Hohe Flüchtlingskommissar der Vereinten Nationen)
UNICEF	United Nations Children's Fund (Kinderhilfswerk der Vereinten Nationen)
WBGU	Wissenschaftlicher Beirat der Bundesregierung Globale Umweltveränderungen
WFP	World Food Program (Welternährungsprogamm)
WHO	World Health Organization (Weltgesundheitsorganisation)
WSSD	World Summit on Sustainable Development (Weltgipfel für nachhaltige Entwicklung)

WTO	World Trade Organization (Welthandelsorganisation)
WWF	World Wide Fund for Nature

Literarische Spaziergänge mit Büchern und Autoren

Das Kundenmagazin der Aufbau Verlagsgruppe
Kostenlos in Ihrer Buchhandlung

Aufbau-Verlag   Rütten & Loening   Aufbau Taschenbuch Verlag   Gustav Kiepenheuer   Der >Audio< Verlag

Oder direkt: Aufbau-Verlag, Postfach 193, 10105 Berlin
e-Mail: marketing@aufbau-verlag.de
www.aufbau-verlag.de